THESE

POUR

LE DOCTORAT

DROIT ROMAIN.
DU MARIAGE ET DE SES EFFETS QUANT AUX PERSONNES.

DROIT FRANÇAIS.
DU PAYEMENT AVEC SUBROGATION

L'ACTE PUBLIC SUR LES MATIÈRES CI-DESSUS SERA SOUTENU
Le Mercredi, 10 juillet 1872, à 8 heures et demie
PAR
Clovis BOSQUET,
AVOCAT A LA COUR DE PARIS.

Président : M. COLMET DE SANTERRE;

Suffragants
MM. VALETTE,
COLMET-D'AAGE, *professeurs.*
GIDE,
LYON-CAËN, *agrégé.*

Le candidat répondra en outre aux questions qui lui seront adressées
sur les autres matières de l'enseignement.

PARIS
IMPRIMERIE DE E. DONNAUD
9, rue Cassette, 9
—
1872

—

A MES PARENTS

—

A MES AMIS

DROIT ROMAIN.

DU MARIAGE ET DE SES EFFETS QUANT AUX PERSONNES.

CHAPITRE PREMIER.

DU MARIAGE A ROME. — SA FORMATION.

La constitution de la famille a été, chez tous les peuples, comme le reflet de leur caractère, de leurs mœurs, de leur civilisation. Autant de nations diverses, autant de familles diversement organisées. Entre toutes, celle, peut-être, qui offre le plus d'originalité, c'est la famille de Rome. petite société despotique, image fidèle de la société politique romaine. Elle est fondée, non comme toutes les autres, sur le lien naturel que la naissance et le sang établissent entre personnes d'une commune origine, mais uniquement sur la puissance du chef (*patria potestas*), que celui-ci peut acquérir, en dehors de toute parenté, par des moyens purement civils et tout artificiels.

Le *Paterfamilias* est maître exclusif des biens ; il en dispose à son gré ; les autres membres de la famille ne peuvent rien avoir à eux ; tout ce qu'ils acquerront sera pour le *Pater*, capable seul d'être propriétaire. Absolue sur les biens, son autorité ne l'est pas moins sur les personnes (*in potestate*) : il a sur elles droit de vie et de mort ; il peut les réduire *in mancipio* ; ont-elles causé à un tiers quelque préjudice, il peut se dispenser de le réparer, en les abandonnant à la personne lésée, comme des esclaves. Cette puissance, ni l'âge, ni les plus hautes dignités, ni les charges de préteur, de censeur, de consul même, ni les honneurs du triomphe obtenus par ceux qui y sont soumis ne peuvent l'ébranler ou l'amoindrir : elle prendra fin seulement à la mort du chef ou par sa volonté ; mais, dans ce dernier cas, celui qui en serait affranchi sortirait en même temps de la famille. On peut dire que la famille romaine est personnifiée par son *paterfamilias*, qui en est le magistrat, le pontife et le maître. Source unique de la famille, chez la plupart des nations, le mariage n'en est à Rome qu'un des modes d'alimentation : les enfants issus des *justæ nuptiæ* sont bien sous la puissance du chef ; mais, à côté d'eux, les personnes qui sont également soumises à cette puissance, par un mode purement civil, l'adoption, l'adrogation, ont les mêmes droits et occupent une place égale. Aussi, est-il à remarquer que les jurisconsultes romains (Gaius, Ulpien, Justinien) ne traitent du mariage qu'à l'occasion de la puissance paternelle. Ils nous le présentent comme étant l'une des causes, la cause principale, celle qu'ils mettent toujours en première ligne de la *patria potestas* (dont ils disaient, non sans fierté, qu'il n'en existait de semblable chez aucun peuple), base et unique fondement de leur famille. Loin de méconnaître l'importance du mariage, le législateur romain, pénétré sans doute de cette idée que, « pour qu'une république soit bien ordonnée, les principales lois doivent être celles qui règlent le mariage (1), » en a déterminé avec la plus grande précision les règles et les effets ; et, portant en cette matière ses habitudes traditionnelles d'exclusivisme, qui lui faisaient considérer comme ennemis tous ceux qui n'étaient point Romains, les confondant tous dans la haineuse appellation de *hostes*), il a fait du mariage une institution de pur droit civil, réservée aux seuls citoyens romains, dont tous les autres sont indignes. C'est elle qui doit faire l'objet de notre étude.

Quand on connait le caractère essentiellement formaliste des Romains qui devaient recourir à des solennités très-difficiles et très-compliquées pour toutes espèces d'actes, l'adrogation, le testament, l'aliénation du moindre morceau de terre, on s'attend à voir exiger pour le mariage l'intervention soit du magistrat, soit du pontife (car les Romains aimaient à confondre le droit et la religion). Il n'en était rien, cependant; le mariage a toujours été un acte purement privé, affranchi de toute forme, de toute solennité publique et religieuse. Sans doute il était, dans les premiers temps

(1) Platon. *De legib.*, 4.

surtout, accompagné de certaines cérémonies païennes :
ainsi, on offrait des sacrifices aux dieux, on consultait
les auspices, on dressait dans le *cubiculum*, au milieu
des statues des autres divinités, un autel à Priape, on
invoquait le génie du lit nuptial ; mais toutes ces pra-
tiques (que l'on serait étonné de ne point rencontrer
chez l'un des peuples les plus superstitieux qui furent
jamais) (1) n'avaient aucun caractère légal, et le mariage
ne dépendait nullement de leur accomplissement. Le
mariage romain n'exigeant ni solennités de formes, ni
intervention d'une autorité civile ou religieuse pour le
constater, à quel moment était-il légalement formé ?
Que fallait-il juridiquement ?

Il fallait, d'abord, le consentement réciproque des
époux, libre, exempt de contrainte. Quelle que fût
l'autorité du père de famille, il ne pouvait imposer à
son fils ou à sa fille un mariage contre leur gré, *non
cogitur filiusfamilias uxorem ducere*. Mais le mariage
une fois contracté, le fils ne serait point fondé à se
plaindre de la pression de l'autorité paternelle, puisqu'il pouvait y résister. Nul patron ne pouvait davantage contraindre à un mariage qui lui déplaisait son

(1) Pour n'en citer qu'un exemple emprunté à notre sujet, il y
avait dans l'année un très-grand nombre de jours que les Romains
tenaient pour défavorables aux mariages qui y seraient contractés :
c'étaient les *Feralia* (en Février, le commencement de mars, les
Lemuria en mai, puis tous ceux que les pontifes avaient déclarés
atri ; bien plus, pendant les *Ides* et les *Calendes*, on pouvait épouser une veuve et non une jeune fille. (Plutarque *Quæst. rom.* — Ma-
crobe, *Saturnales*, l. XV)

Il y avait en outre beaucoup de jours où la question était dou-
teuse et où l'on devait recourir à l'avis des pontifes.

affranchi ou son affranchie. Cependant, s'il voulait épouser sa *liberta*, il le pouvait même malgré elle, et ce droit lui resta jusqu'au consulat d'Atejus Capito, sous Auguste ; il ne le conserva postérieurement que dans le cas où il l'avait affranchie précisément afin de l'épouser ; et même il semble résulter de la loi 51 *De ritu nuptiarum* qu'elle ne fut plus directement contrainte au mariage, mais, tant que son patron persistait à vouloir l'épouser, elle n'aurait pu prendre un autre mari, *a nullo alio uxor duci posset.*

Le consentement des époux suffisait-il à la perfection du mariage ? le mariage était-il purement consensuel ? L'affirmative était l'opinion de tous nos vieux interprètes du droit romain, Pothier, Donneau, Cujas ; elle est encore soutenue aujourd'hui par de très-bons esprits ; cependant, il y a des textes des jurisconsultes romains tellement contraires à cette opinion, que nous ne pouvons l'admettre. C'est d'abord cette décision de Paul : *Vir absens uxorem ducere potest ; fœmina absens nubere non potest,* développée en ces termes par Pomponius : *Deductione enim opus esse in mariti non in uxoris domum, quasi in domicilium matrimonii.* L'homme se marie valablement, quoique éloigné de son domicile, si la femme est présente : si, outre le consentement réciproque des époux, la femme est conduite dans la maison du mari, le mariage est formé. Au contraire, l'absence de la femme rend le mariage tout à fait impossible ; quand même elle aurait envoyé son consentement par lettre ou par un envoyé, le mariage n'existe point. Cependant, les contrats consensuels se forment valablement entre personnes non présentes, et cette règle devrait d'autant plus être applicable au mariage, si c'était un contrat consensuel, qu'il n'y a point d'acte public ou religieux à accomplir.

Si, durant le mariage, l'un des conjoints vient à être captif, ce serait vainement que l'intention réciproque de maintenir le mariage aurait subsisté entre les deux époux, vainement que celui qui est à Rome serait resté dans la maison conjugale, le retour du captif n'aurait point pour effet de faire considérer le mariage comme ayant toujours subsisté et les anciens époux devront, s'ils veulent être unis l'un à l'autre par les liens des justes noces, se remarier ensemble.

Cette décision de Paul et Thryohpninus (1) montre bien que, dans l'esprit des Romains, pour qu'il y ait mariage, la cohabitation doit être possible entre les époux. C'est ainsi que, si les deux époux avaient été faits prisonniers ensemble et avaient ensemble recouvré la liberté, le mariage n'aurait point cessé d'exister, parce que, dans ce cas, aucun obstacle n'a été mis au rapprochement des époux. Si la volonté des parties est impuissante à maintenir un mariage qui existe, comment serait-elle suffisante pour la formation même du mariage ?

Aux yeux des Romains, le mariage est surtout un état de fait, une vie commune, *consuetudo vitæ*, qui ne peut se former par une simple manifestation de volonté; il faut que la femme soit physiquement à la disposition du mari, qu'elle ait fait acte de femme mariée, le plus souvent en s'établissant sous son toit. Cette condition

(1) L. 8 et 12 D. 49, 15.

se réalisait au moyen de la conduite de l'épouse chez son fiancé, *deductio in domum mariti* (d'où est venu *ducere uxorem, se marier*), dont fait mention le texte de Pomponius, que nous avons cité. Parée selon l'usage, les traits voilés du *flammeum*, une quenouille garnie de fil à la main, la jeune fille était arrachée des bras de sa mère avec une violence feinte, puis s'avançait au milieu d'un joyeux cortége vers la maison de son fiancé, ornée pour la recevoir. A son arrivée, on lui remettait une clef, on prononçait des paroles sacramentelles ; elle recevait l'eau et le feu du marié, à qui elle répondait : « *Ubi tu Caius, ibi ego Caia* » Tel était le mode habituel ; mais il était possible que le mariage se formât indépendamment de la *deductio ;* par exemple, si les époux sont convenus que le mari irait au domicile de la femme y commencer cette vie commune qui constitue le mariage : c'est ce que nous dit le jurisconsulte Scévola dans la loi 66, 24, 1. La possibilité de la cohabition entre les époux, telle est donc la condition nécessaire pour que le mariage soit formé, le caractère essentiel auquel il faut s'attacher, et la *deductio* n'a d'importance juridique que comme établissant en fait cette possibilité. Scévola nous en donne, dans la même loi, un exemple bien remarquable : Une jeune fille a été conduite dans la maison de son fiancé, mais elle y habite un appartement séparé, où ce dernier ne doit point pénétrer. Bien que la *deductio* ait eu lieu, le jurisconsulte ajoute très-justement que le mariage n'existera que lorsque *mulier ad maritum transierit*, au moment où la vie commune commencera et où la femme prendra, dans la maison de son mari, la situation de femme mariée. Mais, il n'est nullement nécessaire que la cohabitation soit *effective*, il suffit qu'elle soit *possible;* ainsi, selon la remarque de Paul, une femme *veuve* peut être néanmoins encore vierge. Voici d'ailleurs un texte précis d'Ulpien qui prouve bien qu'il ne fallait point, pour la formation du mariage, une cohabitation réelle. Le mariage existe : *Statim atque ducta est uxor, quamvis nondum in cubiculum mariti venerit ; nuptias enim non concubitus sed consensus facit.* On a argumenté de la dernière partie de cette loi, en l'isolant de ce qui précède, pour soutenir que le mariage était purement consensuel; mais le jurisconsulte dit, au contraire, que c'est seulement à partir du moment où la *deductio* a eu lieu que le mariage commence ; si le mariage se formait par le seul consentement, il eût été bien inutile de supposer la *ductio*, et ce serait une naïveté que de nous dire qu'il existe avant que la femme *venerit in cubiculum.*

En résumé : l'élément constitutif du mariage romain c'est la volonté réciproque chez deux personnes de sexe différent de se prendre pour époux, volonté concomitante avec la possibilité de la cohabitation.

Si le mariage n'était pas un *contrat consensuel,* il faut non moins se garder de l'envisager comme un *contrat réel,* se formant par la *tradition* de la femme au mari. D'abord, nul texte au Digeste ne parle de cette tradition, et parmi les ouvrages des auteurs latins, on ne peut trouver que le suivant : *Vis scire quid sint nuptiæ ? Adspice illam virginem quam pater tradidit euntem die celebri comitante populo* (Déclamations d'un auteur inconnu attribuées à Quintilien, décl. 906.) Il est bien évident que le rhéteur qui a écrit ces lignes veut seulement montrer ce qu'est en apparence le mariage, et non en donner une défi- nition précise et surtout juridique : on pourrait tout aussi aisément conclure de ce passage que le consente- ment de la jeune fille n'était point nécessaire ; ce texte perd toute valeur quand on réfléchit qu'il n'est corroboré par aucun extrait de jurisconsulte. La tra- dition d'ailleurs ne peut se concevoir, car elle consiste dans la remise de la possession; elle suppose essen- tiellement qu'il s'agit d'une chose *possédée ;* or, malgré la rigueur de leur droit à l'égard des femmes, les Romains n'étaient point allés jusqu'à les considérer comme objets de possession. Il nous suffit de citer le § 90 (*Comm.* II) de Gaius qui établit qu'on ne possé- dait point les femmes, *in manu,* c'est-à-dire celles mêmes qui étaient le plus dans la dépendance de leurs maris. Il y a enfin un autre motif non moins péremp- toire pour ne point ranger le mariage parmi les contrats réels : c'est que la division qu'avaient faite les jurisconsultes romains des contrats en quatre classes, (*re, verbis, litteris, consensu solo*) n'avait trait qu'aux contrats pécuniaires : le caractère propre de ces con- trats était de produire des obligations munies d'actions ; et que'le est l'action qui aurait dérivé du mariage? Aussi bien, d'ailleurs, les jurisconsultes n'ont ils jamais considéré le mariage comme engendrant des obli- gations, ainsi qu'ils le faisaient pour les différents contrats, déterminant avec tant de précision leur étendue et les actions qui en résultaient. Le mariage ne pouvait donc rentrer dans une classification de contrats avec lesquels il n'avait point de rapport.

La rédaction d'un écrit n'avait, jusqu'à Justinien, jamais été nécessaire pour la validité du mariage. Souvent, pour le règlement de leurs intéréts pécuniaires, les parties rédigeaient des *tabulæ nuptiales*, ou bien un *instrumentum dotale*, qui pourront servir à prouver le mariage ; à leur défaut, rien n'empêchait d'avoir recours à un autre mode de preuve, le témoignage des amis, des voisins (*vicinis vel aliis scientibus*). Justinien avait d'abord exigé un acte écrit pour le mariage de toutes personnes ; mais bientôt il ne maintint la nécessité d'un *instrumentum dotale* que pour les personnes ayant le rang *d'illustres ;* les dignitaires barbares en furent même exemptés.

CHAPITRE II.

CONDITIONS REQUISES POUR LA VALIDITÉ DU MARIAGE.

Trois conditions, dit Ulpien, sont requises pour la validité du mariage : la *puberté*, le *consentement* de certaines personnes et le *connubium*.

SECTION PREMIÈRE.

De la puberté.

Le mariage ayant pour but la procréation des enfants, « *ad sobolem procreandam, replendamque liberis civitatem* », l'homme dont l'impuissance peut être constatée avec certitude (le *castratus*) ne peut se marier, pas plus que ceux qui ne sont point encore arrivés à la puberté. Les Romains semblent bien avoir de tout temps réputé les filles nubiles à l'âge de douze ans révolus. Quant aux hommes, il est probable que primitivement l'âge de dix-sept ans avait été fixé comme celui de la puberté : dans la division du peuple en classes, faite par Servius Tullius, nous voyons les citoyens comptés parmi les *pueri* jusqu'à dix-sept ans ; à partir de cet âge, ils prenaient rang parmi les *juniores* et devenaient citoyens actifs, participant à la vie publique. Comme signe extérieur de leur capacité nouvelle, ils échangeaient la *robe prétexte* contre la *robe virile* aux fêtes de Bacchus appelées *Liberalia*. D'un passage de Cicéron : *quinto togam puram liberalibus cogitabam dare. Mandavit enim pater*, il résulte que les chefs de famille pouvaient devancer pour leurs enfants l'époque de la puberté légale en leur faisant prendre la robe virile ; on s'en était rapporté à leur prudence. Cet usage du changement de robe se continua pendant toute la durée de la république ; sous l'empire, il disparut ou du moins, perdit toute signification juridique. Dès lors à quel âge l'homme est-il réputé pubère ? Les opinions étaient partagées et l'on ne comptait pas moins de trois systèmes sur ce point : pendant que les Proculiens fixaient la puberté à l'âge de quatorze ans, les Sabiniens ne voulaient déclarer pubère que celui qui était réellement capable d'engendrer : c'était donc pour eux une question de fait qu'il fallait résoudre *ex habitu et inspectione corporis*. Enfin le jurisconsulte Priscus exigeait à la fois l'examen corporel et l'âge de quatorze ans. Justinien, dans une de ses Constitutions, donne à l'opinion des Proculiens une consécration formelle, et il est probable qu'il ne fit que confirmer une jurisprudence depuis longtemps établie. Ainsi, dans le dernier état du droit, les femmes sont nubiles à douze ans, les hommes, pubères à quatorze ans.

L'union formée avant cet âge ne valait pas, même comme fiançailles; ce n'est qu'une cohabitation de fait, dépourvue de toute valeur juridique. Si, parvenus à la puberté, l'homme et la femme ont toujours l'intention d'être époux, c'est à partir de ce moment et sans effet rétroactif que commencera à exister entre eux un mariage légitime.

Les vieillards sont comme les enfants inhabiles à la génération ; faut-il en conclure qu'il y avait à Rome une limite d'âge après laquelle les *justæ nuptiæ* n'eussent plus été permises ? Jusqu'au règne d'Auguste, point de doute, aucune loi n'empêche le mariage des vieillards ; de même à la fin de l'empire, la vieillesse, si avancée qu'elle fût, n'était certainement point un obstacle aux *nuptiæ*. Mais J. Godefroid, dans son beau travail sur les lois Julia et Papia Poppea, soutient qu'elles avaient déclaré l'homme à soixante ans et la femme à cinquante, incapables de contracter mariage. On sait que ces lois, rendues sous Auguste, à une époque où l'empire était dépeuplé par les longues guerres civiles qui venaient de l'ensanglanter, et encore plus par une corruption et une dégradation sans exemple jusque-là, avaient pour but de favoriser la procréation en encourageant au mariage ; elles avaient édicté contre les célibataires et les personnes mariées qui n'auraient point d'enfants certaines déchéances dont elles avaient affranchi les vieillards, car leur mariage n'avait plus d'utilité pour la société; mais, Godefroid prétend que ce n'était que la conséquence naturelle de l'interdiction de mariage qu'elles auraient établie. A l'appui de cette opinion il cite, outre un passage de de Sénèque, rapporté par Lactance, et qui n'est point probant, la loi 27 au Code de Justinien *De nuptiis*, ainsi conçue : *Sancimus nuptias quæ inter masculos et fœminas majores vel minores sexagenariis vel quinquagenariis lege Julia vel Papia prohibitæ sunt homines volentes conctrahere et ex nullo modo. vel ex nulla parte tales nuptias impediri.* Pour nous, malgré l'autorité de Godefroid et le sens, au premier abord absolu de ce texte, nous avons peine à nous rallier à cette interprétation. En premier lieu, il ne serait nullement surprenant de voir Justinien se tromper sur les termes d'une loi faite plus de cinq cents ans avant lui ; les exemples en sont fréquents : nous n'en citerons que deux qui ont trait à notre matière. Justinien attribue à une autre loi Julia (*De adulteriis*) rendue également sous Auguste, d'avoir édicté contre la femme adultère et son complice la peine de mort (*Inst.* IV, 18), alors que cette pénalité n'a été établie que par Constantin. C'est ainsi qu'à l'en croire, ce serait cette même loi Julia qui aurait défendu à la femme d'hypothéquer son fonds dotal, tandis que cette défense a été la conséquence du sénatus-consulte Velléien porté sous Marc-Aurèle. Cependant nous devons faire la preuve que la loi Julia n'a point prononcé l'interdiction, et nous répondrons à Godefroid par son argument même : les mariages des vieillards, dit-il, étant interdits, on ne pouvait les punir de ne point se marier ; l'un entraîne forcément l'autre. Eh bien, le sénatus-consulte Pernicien rendu peu de temps après la loi Julia (sous Tibère) vint punir les vieillards des peines des cœlibes ; c'est donc que leurs mariages n'étaient point prohibés. Comment d'ailleurs expliquer pareille prohibition? Dans quel but? Voilà des mariages qui depuis la fondation de Rome ont toujours été permis, et la loi Julia les aurait interdits, sans avoir aucun intérêt à le faire ; car si de tels mariages ne sont point utiles, ils n'ont rien de nuisible pour la société. On comprendrait, dans l'esprit de cette loi, qu'il fût défendu à un vieillard de s'unir à une jeune fille parce que c'est priver l'Etat des enfants qu'elle aurait pu avoir, si elle eût épousé un *junior ;* au contraire, un sénatus-consulte Claudien (rendu sous Tibère, d'après Godefroid), attache à ce mariage les avantages dont jouissent les autres. Ulpien, qui nous rapporte cette décision, ne la présente point comme une innovation quant à la question de validité même du mariage ; cependant c'en serait une considérable, dans le système de Godefroid : ce sénatus-consulte aurait abrogé la nullité dont ces mariages étaient frappés, et un jurisconsulte comme Ulpien ne ferait point mention d'une telle abrogation. Mais il y a plus encore : ce sénatus-consulte Claudien n'apporte aucune dérogation pour l'union d'une femme âgée de plus de cinquante ans avec un jeune homme ; il a considéré sans doute que si la procréation des enfants, quoique rare, était encore possible dans le premier cas, elle ne l'était plus dans celui-ci ; ce sont donc les anciens principes qui continueront à régir cette union, et cependant le même jurisconsulte, à propos de ce mariage, emploie deux fois le mot *dos ;* or, c'est un principe absolu qu'il ne peut y avoir dot s'il n'y a mariage valable.

Nous conclurons donc qu'à aucune époque du droit romain le mariage des vieillards n'a été prohibé.

SECTION II.

Du consentement.

Nous avons vu que le mariage suppose essentiellement l'accord de volontés, le consentement de l'homme et de la femme qui veulent se marier ensemble.

En outre, aucune personne soumise à la puissance paternelle ne peut contracter mariage sans le consentement du *paterfamilias ;* quel que soit l'âge du fils ou de la fille qui se marie, il est nécessaire. Cet attribut de la puissance paternelle a été organisé tout entier dans l'intérêt du chef de la famille. Ainsi, les ascendants maternels ne sont jamais consultés, pas plus que les ascendants paternels dont le descendant est émancipé ou donné en adoption, qui n'a besoin, dans le premier cas, d'aucun consentement, dans le second, ce sera le *pater adoptivus* qui le donnera. De même, la petite-fille qui est dans la puissance de son grand-père n'a besoin que de son consentement et nullement de celui de son père. Pour le fils, il en est différemment, mais c'est pour une raison spéciale : les Romains ne voulaient point qu'une personne entrât dans la famille d'une autre et acquît des droits à sa succession, sans que cette dernière y eût préalablement consenti *nemini invito heres suus adgnoscitur.* Les enfants issus du mariage du petit-fils seront d'abord sous la puissance du grand-père, à sa mort dans celle du père et acquerront ainsi par rapport à lui la qualité et les droits de *sui heredes*. Le même motif ne se présentait point à l'égard des filles, puisque leurs enfants sont dans la famille de leurs maris.

Ce n'est qu'au Bas-Empire que le législateur s'est placé au point de vue de l'enfant qui va contracter mariage et a voulu lui donner protection et conseil : deux constitutions, l'une de Valens, Valentinien et Gratien, l'autre de Théodose le Jeune et Hennius ont décidé que la fille *sui juris* qui n'a pas vingt-cinq ans devra obtenir le consentement de son père, s'il existe encore, sinon celui de sa mère, et, à défaut, celui des plus proches parents. C'était une conception toute nouvelle, d'après laquelle ce serait dans l'intérêt direct de l'enfant que le consentement serait exigé.

Qu'arrivait-il si le *paterfamilias* refusait systématiquement de consentir au mariage de l'enfant? Jusqu'au règne d'Auguste, aucune loi n'intervint pour réprimer cet abus; mais la loi Julia, qui attachait des déchéances au célibat, permit de suppléer à l'obstination mal fondée du *pater* par l'intervention du magistrat. Septime Sévère a de plus décidé que le père serait forcé de faire à son enfant une donation convenable à l'occasion du mariage.

Si le *paterfamilias* est en état de démence, sa folie ne l'empêche point de conserver sa puissance sur ses enfants; comment suppléer au consentement dont ils ont besoin? De très-bonne heure, on reconnut à la fille le droit de se marier *sine patris interventu*. Quant au fils, on hésitait, à cause de la règle citée plus haut : *nemini invito suus heres adgnoscitur*. Marc-Aurèle décida que les fils du *mente captus* se marieraient librement;

les jurisconsultes n'osèrent étendre cette décision au fils du *furiosus* qui a des intervalles lucides. La controverse fut tranchée par Justinien qui décida que, dans ce cas, les fils pourraient également se passer de consentement ; de plus, le curateur devait donner à ces enfants une *dot* ou une *donatio ante nuptias*, dont le chiffre sera fixé par le *præfectus urbi* à Constantinople, ailleurs par le président de la province ou l'évêque, en présence des principaux de la famille. Si le *paterfami-lias* est fait prisonnier par l'ennemi, on ne peut attendre son retour, qui peut-être n'arrivera point (1), pour le mariage de ses enfants. Quant aux filles, la question dut être moins discutée que pour les fils ; même pour ces derniers, malgré la règle *nemini invito heres suus adgnoscitur*, l'opinion favorable au mariage l'emporta, ainsi que le constate Thryphurinus (2), qui s'appuie à la fois et sur l'intérêt de l'enfant et l'intérêt public. Si le *paterfamilias* est absent, c'est-à-dire que l'on ne peut établir avec certitude ni sa mort, ni son existence, on applique la même solution. Justinien subordonna la validité du mariage, dans les deux cas ci-dessus, à l'expiration d'un délai de trois ans.

Toutes les fois que le consentement est nécessaire, il doit précéder l'union des conjoints ; à défaut, le mariage ne commencerait qu'à la mort du *paterfami-lias*, ou à partir du jour où il aurait donné son consentement, sans effet rétroactif. L'enfant conçu de cette

(1) Dans ce cas les enfants auraient été *sui juris*, à compter du jour de la captivité.
(2) L. 12, § 3. D. 49, 15.

union, fût-il né depuis ce consentement, ne serait point légitime, si sa conception était antérieure. (Paul, L. 11 ; D. 1, 5.)

SECTION III.

Du connubium.

Le *connubium* (*cum nubere*) est la capacité légale et réciproque chez deux personnes de sexe différent de contracter de justes noces, *uxoris jure ducendæ facultas*.

Les Romains, nous le savons, avaient fait du mariage une institution de pur droit civil : seuls les citoyens pouvaient avoir le *connubium*. Ainsi, tous ces peuples de l'Italie, que Rome soumit à sa domination (et qui devinrent *socii populi romani*), en furent toujours exclus jusqu'au jour où ils obtinrent le *jus civitatis*, à la suite de la guerre sociale qui avait causé une si grande terreur à Rome et mis en péril son existence même. Tous les autres sujets du peuple romain, ceux qu'on appelait les pérégrins, restaient inhabiles à contracter de justes noces ; quelquefois les empereurs concédaient à certains pérégrins le *connubium*, sans leur accorder le *jus civitatis* ; le plus souvent, cette concession était faite aux vétérans. Caracalla déclara tous les sujets de l'Empire citoyens romains ; après cette constitution.

il n'y eut plus que les Barbares qui fussent privés du *connubium;* Valens et Valentinien prononcèrent même la peine de mort contre le Romain qui prendrait une. femme barbare. Cette pénalité exorbitante n'est point reproduite par Justinien ; elle était sans doute tombée depuis longtemps en désuétude.

Nous avons à peine besoin de mentionner que le *connubium* faisait défaut aux esclaves : *cum servis nullum est connubium.*

Deux personnes en possession l'une, et l'autre du *jus civitatis,* remplissant alors la première condition absolue pour contracter mariage, peuvent cependant n'avoir point le *connubium* l'une avec l'autre.

I. — Ainsi, il n'y avait pas *connubium* entre patriciens et plébéiens. Aussi ancienne que Rome, cette prohibition se retrouve encore dans la loi des XII Tables (1). Elle fut souvent la cause de graves discussions entre les deux castes. Tite-Live prête ce langage au tribun Valerius (2) : « Ne pensons-nous point qu'il peut sortir de la plèbe un vaillant homme, habile dans la paix et dans la guerre, et qui soit semblable à Numa, à Tarquin, à Servius Tullius? Et si cet homme existe, ne le laisserons-nous point arriver au gouvernement de la République?... Y a-t-il un outrage plus grand, plus sanglant que de tenir pour indigne du *connubium* une partie des citoyens, comme s'ils étaient entachés de quelque souillure....? » Ce ne fut qu'en l'an 210 qu'un

(1) Tite-Live, IV, 4 et 6.
(2) Répondant à Caton, sur l'abrogation de la loi Oppia.

plébiscite appelé *lex Canuleia* vint abroger ce débris de l'odieuse inégalité primitive.

II. — De même, point de *connubium* entre affranchis et ingénus : un sénatus-consulte fut nécessaire pour permettre à l'affranchie *Hispala Fecennia*, dénonciatrice des bacchanales, d'épouser un ingénu. Il entrait dans l'esprit des lois Julia et Papia, rendues dans le but de rendre les mariages plus nombreux, de supprimer cet ancien empêchement aux *justæ nuptiæ*. Toutefois, elles défendirent aux sénateurs et à leurs descendants *per masculos* d'épouser des affranchies, et aux ingénus de se marier avec les comédiennes, les femmes condamnées pour adultère, plus généralement avec toutes femmes notées d'infamie. Mais quelle est la sanction de ces prohibitions ? Le mariage était-il absolument nul, ou bien, tout en restant valable *jure civili*, était-il seulement privé des avantages que ces lois avaient attachés aux autres mariages, de sorte qu'il eût été de nul effet, par rapport à ces lois, les époux restant sous le coup des peines qui frappaient les *cœlibes?* La controverse est vive sur ce point. D'une part, plusieurs textes du Digeste et du Code indiquent que les lois Julia et Papia prononçaient la nullité absolue du mariage; ainsi d'après la loi 28 *De nuptiis* au Code (1), l'élévation d'un citoyen à la dignité de sénateur dissolvait le mariage contracté par sa fille avec un *libertinus*. Dans la loi 44 *De ritu nuptiarum* (2), Paul rappelant la prohibition de la loi Julia, en tire cette conséquence :

(1) V. 4.
(2) D. 23. 2.

Si postea ingenuæ uxoris pater materve artem ludicram facere caperit, iniquissimum est dimittere eam debere, quum nuptiæ honestæ contractæ sint et fortasse jam liberi procreati sint. Ainsi, le jurisconsulte se demande si, dans le cas qu'il prévoit, un mariage valablement contracté ne doit pas être rompu, et ne se prononce pour sa continuation que par cette considération « *quum nuptiæ honestæ contractæ sint et fortasse liberi procreati* » ; on semble donc bien fondé à dire que les *justæ nuptiæ* n'auraient pu avoir lieu dans ces conditions.

Mais au même titre dans la loi 16, Paul nous apprend que : *oratione divi Marci cavetur ut si senatoris filia libertino nupsisset, nec* NUPTIÆ ESSENT ; *quam et senatus-consultum secutum est.* C'est donc au sénatus-consulte, rendu sous Marc-Aurèle que le jurisconsulte rapporte la nullité radicale qui désormais frappera ces mariages, et non aux lois caducaires. L'on objecte que ce sénatus-consulte n'innova point, mais eut pour but de renou-veler les prohibitions des lois Julia et Papia tombées en desuétude. Mais voici un texte emprunté aux règles d'Ulpien (t. XVI, 2.), qui paraît bien probant : *Aliquando* NIHIL INTER SE CAPIUNT (*vir et uxor*), *id est si contra legem Juliam Papiamque contraverint matri-monium verbi gratia si famosam quis uxorem duxerit, aut libertinam senator.* Deux époux qui ont contracté un mariage valable selon le droit civil n'auront point le *jus capiendi* s'ils se sont mariés contrairement aux prohibitions de la loi Julia; et, il est tellement vrai que ce mariage est valable *jure civili* que ce jurisconsulte, toujours si précis, emploie les expressions de *vir, uxor et matrimonium.* Nous pouvons citer encore ce passage de Paul, qui ne nous paraît pas moins affirmatif : *sui heredes sunt hi: primo loco filius, filia in potestate patris constituti ; nec interest adoptivi sint aut naturales et secundum legem juliam Papiamve quæsiti (Collat.* leg. Mosaï, c. 7, 3.). Ainsi, les enfants issus des unions défendues par les lois Julia et Papia étaient soumis à la puissance paternelle, étaient *justi liberi* ; d'où la conséquence irrésistible que le mariage était valable *jure civili*, car il n'y a que des *justæ nuptiæ* valables qui fassent acquérir sur les enfants la puissance paternelle.

Les lois caducaires ne prononçaient donc point la nullité des mariages contractés malgré leur défense ; elle leur refusait seulement les avantages dont jouissaient les autres et la nullité n'en fut édictée que par l'*Oratio divi Marci.*

L'empereur Justin, pour complaire à Justinien, son neveu et son fils adoptif, qui voulait épouser la comédienne Théodora, fit disparaître l'empêchement de mariage entre les ingénus et les comédiennes, mais celles seulement qui seraient retirées du théâtre. Justinien alla plus loin et abrogea complétement les anciennes prohibitions.

III. — La loi Julia *De adulteriis* prohibait le mariage entre la femme condamnée pour adultère et son complice. Plus tard Constantin punit de mort le crime d'adultère. Ce prince prohiba également le mariage entre le ravisseur et la jeune fille. Cette décision fut étendue par Constance au cas de rapt d'une veuve ou d'une religieuse ; plus tard des constitutions de Justinien punirent le rapt de la peine de mort.

IV. — Des raisons d'utilité avaient fait interdire les mariages entre les tuteurs, les enfants des tuteurs et les pupilles. On avait craint que ceux qui avaient administré les biens des incapables ne se servissent d'un mariage contracté dans un but intéréssé, pour se dispenser de rendre leurs comptes. Le principe de ces prohibitions se trouve dans un sénatus-consulte rendu sous Marc-Aurèle et Commode. Tant que la pupille pouvait être restituée *in integrum*, c'est-à-dire jusqu'à l'âge de vingt-cinq ans plus une année utile, le mariage était nul. En outre, le mari perdait par rapport à la femme le *jus capiendi ex testamento*, tandis que la femme peut recevoir *ex testamento viri ;* enfin, le mari était noté d'infamie et condamné à une peine qui allait quelquefois jusqu'à la relégation.

V. — Il y avait également défense pour toute personne investie d'une fonction publique dans une province d'épouser ou de laisser épouser à leurs fils une femme qui y eût son domicile. D'abord, on craignait la pression qu'auraient pu exercer les fontionnaires sur les familles provinciales ; en outre les gouvernants auraient pu chercher dans les alliances qu'ils auraient contractées et fait contracter à leurs fils avec des familles influentes, le moyen de se rendre indépendants de l'empereur. Les deux prohibitions cessaient s'il y avait eu des fiançailles antérieures à l'entrée en fonctions ou au commencement de la tutelle.

VI. — Dans l'ancien droit, comme dans le droit

de Justinien, la parenté et l'alliance font obstacle au connubium ; fondés sur la morale et l'honnêteté, ce empêchements ont subi .peu de variations dans tout le cours de la législation romaine.

En premier lieu, point de *connubium* entre parents en ligne directe à l'infini ; cette prohibition se trouve chez tous les peuples. Afin de maintenir la pureté dans la famille, on ne peut épouser la fille qu'on a adoptée, même après que l'émancipation à fait cesser la parenté toute civile qu'avait produite l'adoption.

La parenté en ligne collatérale fait également obstacle au *connubium*, d'abord entre frères et sœurs, sans distinguer s'ils sont issus du même lit; en second lieu, entre l'oncle et la nièce, la tante et le neveu. Peu importe qu'ils soient ou non dans la même famille et unis à la fois par la parenté civile et la parenté naturelle, ou seulement par cette dernière. Claude voulant épouser Agrippine, sa nièce, fit décider par le sénat que désormais un oncle paternel pourrait épouser la fille de son frère. Tacite nous dit que l'exemple de Claude ne trouva qu'un seul imitateur. Les fils de Constantin abrogèrent cette disposition et prononcèrent même la peine de mort contre l'oncle paternel qui épouserait sa nièce, ou entretiendrait avec elle un commerce illicite. Les mariages entre cousins germains avaient été défendus par les premiers empereurs chrétiens, mais Arcadius et Honorius déclarèrent cette union légitime.

L'alliance à l'exemple de la parenté empêche dans certains cas le mariage, et il est à remarquer que la prohibition n'a d'application qu'après la cessation de l'alliance, qu'après la dissolution du mariage qui la produisait; jusque-là, ce qui s'oppose à l'union des alliés, c'est le principe de la monogamie consacré de tout temps par la législation romaine. L'alliance ne faisait, jusqu'à une époque assez avancée de l'Empire, obstacle au *connubium* qu'entre alliés en ligne directe ; on avait étendu la prohibition à des personnes entre lesquelles rigoureusement il n'y avait point alliance. Ainsi les jurisconsultes conseillaient au citoyen divorcé d'avec sa femme de ne pas épouser la fille qu'elle aurait eu d'un autre mariage ; ils conseillaient de même de ne point se marier avec la fiancée de son père ou encore avec la fiancée de son fils ; plus tard il y eut dans ces cas de véritables empêchements au mariage (1). L'empereur Contance défendit le mariage entre beaux-frères et belles-sœurs, et cette prohibition fut maintenue par Justinien.

Il n'est nullement nécessaire, pour qu'il n'y ait pas *connubium* entre deux personnes à raison de la parenté ou de l'alliance qu'elle provienne d'un mariage légitime. On tient compte du lien naturel dérivant du *concubinatus* ou du *contubernium* (on appelait ainsi l'union de deux esclaves); la prohibition n'a de portée dans ce dernier cas qu'en supposant libres actuellement les deux personnes unies par cette parenté que les Romains appelaient *cognatio servilis ;* autrement, leur qualité d'esclaves eût constitué par elle seule un empêchement aux *justæ nuptiæ*.

Si une union se formait entre parents ou alliés au

____

(1) L. 12, § 1. *De ritu nuptiarum.*

degré prohibé, outre qu'il n'y aurait point mariage, c'est-à-dire qu'il n'y aurait ni mari, ni épouse, ni dot constituée valablement, que les enfants ne seraient point légitimes et seraient assimilés aux *spurii* ou *vulgo concepti,* ce commerce constituerait le crime d'inceste. L'inceste est puni de peines très-sévères, les unes pécuniaires, les autres corporelles. Pour la femme, sa dot est confiquée ainsi que le tiers de ses biens ; quant au mari, il perd la moitié de son patrimoine. Ils encourent en outre la rélégation dans une île. Il y a cependant lieu de distinguer si l'inceste a été commis entre parents en ligne directe, ou entre collatéraux ou alliés : (les jurisconsultes romains appelaient le premier *inceste du droit des gens,* le second *inceste du droit civil*). Pour le dernier, en effet, la femme n'encourait aucune peine : on présumait qu'elle avait ignoré le droit ; et l'homme était puni avec moins de sévérité, si l'inceste a eu lieu publiquement, ce qui semble étrange au premier abord ; c'est que, dans ce cas, on réputait que la faute a été commise par suite d'une erreur sur la loi. On trouve divers rescrits d'empereurs qui, prenant en considération la bonne foi soit des époux soit de l'un d'eux seulement, décident que les enfants seront traités comme légitimes *perinde ac si legitime concepti fuissent* (1).

(1) L. 57, § 1. *De ritu nupt.*

CHAPITRE III.

EFFETS DU MARIAGE.

Le mariage, nous dit Justinien, est l'union de l'homme et de la femme établissant entre eux une indivisible communauté d'existence, « *viri et mulieris conjunctio, individuam vitæ consuetudinem continens.* » Ainsi, les deux époux ont même rang (*dignitas*) dans la société ; la femme prend la condition du mari, partage ses honneurs et ses dignités : le mari est-il *consularis*, elle devient *consularis* ; est-il *clarissimus*, elle devient *clarissima*. Ces qualités lui restent, même après la dissolution du mariage; elle ne les perdrait que si elle s'unissait postérieurement à un homme de condition inférieure; selon la remarque de Paul (1), la femme s'élève ou s'abaisse socialement par le mariage. On a soutenu qu'au lieu de désigner cette association complète des deux existences, les mots *individuam vitæ consuetudinem* signifiaient que le lien résultant du mariage était indissoluble. Nous ne pouvons admettre cette interprétation, car il a toujours été de principe,

(1) Fr. rat. § 104.

chez les Romains, que le mariage se dissout par le divorce, et nous pourrions ajouter que la loi ne s'est jamais montrée exigeante pour les conditions du divorce. Le jurisconsulte Modestin donne du mariage cette définition : *Consortium omnis vitae, divini atque humani juris communicatio*, la vie égale à tous les points de vue, soit civils, soit religieux; la femme participe au culte privé, aux *sacra* du mari, et cela sans qu'il faille distinguer entre le mariage accompagné de la MANUS et le mariage SINE MANU. Que la *manus* ait été à l'origine inséparable du mariage, c'est fort contestable; mais il est hors de doute que, de très-bonne heure, elle cessa de l'être, et il serait bien surprenant que les Romains, toujours si précis et si complets dans leurs définitions, eussent continué à donner, pendant plus de sept siècles, une définition des *justæ nuptiæ* applicable à une espèce particulière de mariage. Mais il y a plus : au temps de Modestin, le mariage avec *manus* était extrêmement rare, (si toutefois la *manus* n'était point tout à fait tombée en désuétude), et ce serait uniquement cette sorte de mariage que le jurisconsulte aurait en vue dans sa définition. L'empereur Gordien, qui vivait encore après Modestin, appelle aussi la femme *socia rei humanæ atque divinæ domus.* — Si la *communicatio divini juris* ne se trouve plus dans les Institutes, c'est que le culte des dieux domestiques a disparu avec le paganisme.

La femme prend le titre d'*uxor*, elle devient la matrone vénérée des enfants, respectée des clients, maîtresse de la maison. Les Romains l'admettaient dans leurs théâtres, à leurs fêtes, à leurs repas, et partout

une place d'honneur lui était réservée; d'après Valère-
Maxime, le Sénat avait décrété que les hommes lui
céderaient le sentier dallé (pour reconnaître les ser-
vices rendus par Véturie à la République); tous, lic·
teurs, et consul même se rangeaient à son passage.
Rarement, d'ailleurs, elle paraissait en public : séden-
taire par vertu, — nous parlons des premiers temps, —
non par contrainte, comme les femmes de l'Orient ou
de la Grèce, elle se tenait habituellement dans l'*atrium*
et présidait aux travaux intérieurs; *domum servavit,
lanam fecit*, telle était son épitaphe la plus ordinaire et
la plus désirée. La matrone romaine dirigeait l'éduca-
tion des enfants jusqu'à leur adolescence et leur incul-
quait ces forts et virils sentiments qui devaient en faire
des hommes sachant courber la fortune à leur volonté
opiniâtre, et par leur constance, lasser l'adversité ;
si ses descendants ont pu s'acheminer d'un pas ferme
et sûr vers la conquête du monde, l'obscure femme
romaine peut légitimement revendiquer sa part dans
leur gloire.

Lorsque le mariage n'était pas accompagné de la
Manus, il laissait la femme dans sa famille et ne la faisait point passer dans celle de son mari. Etait-elle
filiafamilias, la puissance paternelle persistait avec
toute son énergie; si elle était en tutelle, suivant la loi
qui voulait que toute femme *sui juris* le fût toute sa vie,
ses tuteurs conservaient sur ses biens les droits qu'ils
avaient avant son mariage, à l'exception de la dot,
qu'elle n'a pu constituer qu'avec leur permission. Cela
n'empêchait point la femme d'être soumise à la puissance maritale. Elle doit à son mari respect et obéis·

sance en tout ce qui n'est pas malhonnête ; celui-ci, de son côté, doit l'entretenir et la protéger.

Le mari a le droit de châtier et de punir les fautes de sa femme si elle est *sui juris*, comme la tutelle ne donne de droit que sur les biens de la femme ; aucun conflit ne pourra avoir lieu entre les puissances tutélaire et maritale ; mais, si elle est *filiafamilias*, son mariage n'ayant point fait disparaître la puissance paternelle, sera-ce au père qu'appartiendra le droit de punir la femme, ou au mari ? A l'un et à l'autre, en ce sens, que chacun d'eux a le droit d'assembler le tribunal de famille dont ils font partie tous les deux. Ce tribunal, sorte de censure domestique, remonte certainement à l'origine de Rome, et sans doute les Romains n'ont fait que l'emprunter aux peuples du Latium. Sa composition, comme d'ailleurs sa compétence, échappe à toute règle précise ; ce qu'on peut affirmer, c'est qu'on ne prenait pas en considération pour le constituer la parenté légale, *l'agnation*, mais seulement la parenté naturelle, la *cognation*. Cela vient, sans doute, de ce qu'il existait avant que l'agnation ne fût créée ; et, comme il n'a jamais été réglementé par la législation, on a continué à appeler à en faire partie les plus proches parents, agnats ou non, auxquels on ajoutait les vieux amis de la famille, (*propinquos et amicos*). Ce tribunal préside à tous les événements importants de la famille ; surtout, il assiste le *paterfamilias* qui juge et punit les fautes de sa femme et de ses enfants. Celui-ci aurait pu prendre une décision contraire à la sentence qu'il a rendue : il aurait pu même ne point le convoquer ; mais, chez ce peuple qui avait un si grand respect pour les traditions, en agissant de la sorte, il s'exposait à une accusation criminelle et à une condamnation. S'il était sénateur, le censeur le chassait du Sénat; Valère-Maxime nous en rapporte un exemple à propos de L'Antonius. C'était surtout en ce qui regarde les femmes que le tribunal domestique était investi par les mœurs d'une autorité particulière. Leur mariage n'avait point pour effet d'en changer la composition; c'étaient toujours leurs plus proches parents qui en faisaient partie : leurs maris en devenaient en outre membres de droit ainsi que les personnes sous la puissance desquelles ils étaient. Le mari se rencontrait avec le père dans cette assemblée et les puissances maritale et paternelle pouvaient s'exercer d'un commun accord. Le tribunal de famille condamnait selon la gravité des faits, à des pénalités rigoureuses; il prononçait même la peine de mort; on avait pleine confiance en sa terrible impartialité; et il pouvait prévenir par sa décision celle des tribunaux publics (Valère-Maxime, à propos des empoisonneuses *Publicia et Licinia*), car on était assuré qu'il ferait justice. Aussi, à chaque page de l'histoire romaine voit-on mentionner le tribunal domestique, qui, pendant longtemps, a maintenu les mœurs dans la République.

La femme, dans le mariage libre, c'est-à-dire sans *manus*, conserve la propriété de tous ses biens, à l'exception de ceux qu'elle a déclaré formellement se constituer en dot. Le mari est plein propriétaire de la dot; qu'elle soit constituée par la femme, ou par son père, son ascendant paternel, tenus par la loi de doter leur fille ou petite-fille, ou qu'elle le soit par un parent quelconque ou un ami, le mari aura sur les biens qui lui seront ainsi apportés pour subvenir aux charges du mariage le *dominium ex jure Quiritium*. Mais la loi Julia *De Adulteriis* lui défendit d'aliéner les immeubles dotaux sans le consentement de sa femme. Il lui fut également défendu de les hypothéquer même avec son consentement; ce fut une conséquence du sénatus-consulte Velléien qui défendait aux femmes tout acte d'*intercessio*; (il y avait *intercessio* lorsque la femme s'obligeait ou engageait un de ses biens pour garantir la dette d'autrui). Dans le droit classique, si le mariage était dissous par le prédécès de la femme, le mari, à moins de stipulation contraire, gardait la dot; cependant si elle avait été constituée par le père ou un ascendant paternel, qui survivait à son enfant, elle devait lui être restituée. Le mariage était-il dissous par le divorce ou le prédécès du mari, il y avait lieu à la restitution de la dot. Justinien décida que, dans tous les cas, la dot devrait être restituée. Avant Justinien, la femme n'avait pour assurer le recouvrement de sa dot qu'un *privilegium inter personales actiones* qui la faisait seulement passer avant les créanciers chirographaires. Justinien lui accorda d'abord une hypothèque tacite; plus tard, il décida que cette hypothèque serait privilégiée et qu'ainsi, la femme passerait sur les biens de son mari avant tous autres créanciers, même avant ceux qui avaient déjà hypothèque lors du mariage. (Loi Assiduis, Code VIII. 18, L. 12.)

Les époux étaient incapables de se faire des dona-

tions; cette interdiction n'avait point toujours existé;
elle n'a été introduite, par la coutume (*Moribus apud nos
receptum est*, dit Ulpien), que vers la fin de la République. Nous voyons, en effet, la loi Cincia rendue en
l'an 550 de Rome, loin de défendre ces donations, les
favoriser, et permettre de donner plus à son époux
qu'à un étranger. Un des motifs de la prohibition fut
la crainte que l'un des époux n'arrachât à l'autre des
donations en le menaçant de le répudier, et le divorce
ne devint commun qu'au VIIe siècle. Ulpien, il est vrai,
en donne une autre raison, c'est que la donation aurait pu être le résultat d'un entraînement irréfléchi et
être trop considérable : *Ne mutuato amore invicem
spoliarentur, donationibus non temperantes, profusa erga
se facilitate.* Sans nier la valeur de cette considération,
nous ferons remarquer que si elle eût été seule, il
n'eût point été nécessaire de prohiber totalement les
donations, il eût suffi de les réduire dans de justes
limites. La prohibition n'était pas absolue; il y avait
plusieurs exceptions : d'abord, lorsque le donataire
part en exil; il y a là un motif d'humanité; lorsque la
donation est à cause de mort, en effet, *in hoc tempus
excurrit donationis eventus, quo vir et uxor esse de-
sinunt* (Gaïus). La prohibition ne s'appliquait point davantage lorsque la donation est faite *divortii causa*;
outre qu'on peut donner le motif que donne Gaïus,
li ne paraissait pas à craindre qu'une telle donation
fût excessive.

Sauf ces exceptions, les donations entre époux
étaient entachées d'une nullité radicale; elles étaient
nulles pour le tout. Un sénatus-consulte, rendu sous

Septime-Sévère et Caracalla, modifia cette législation :
il décida que la donation faite par l'un des époux à
l'autre ne serait plus nulle, mais seulement révocable ;
si le donateur décède sans l'avoir révoquée, elle se
trouvera confirmée et sera valable. C'est dans ce sénatus-consulte qu'il faut voir l'origine de la législation qui
régit encore actuellement les donations entre époux.

Nous devons mentionner que le mariage rendait
impossible l'action *Furti*, si l'un des époux se rendait
coupable de vol envers son conjoint ; ce dernier ne
pouvait intenter que l'action *rerum amotarum*, en réparation du préjudice causé qui, à la différence de l'action *Furti*, n'était point infamante.

Enfin, il est à remarquer que, bien avant que le
sénatus-consulte Velléien n'eût défendu d'une manière
générale à toute femme d'intercéder pour autrui, des
édits d'Auguste et de Claude avaient déjà prohibé l'intercession d'une femme mariée au profit de son mari ;
c'était dans l'intérêt de la dot, pour en assurer plus
efficacement la restitution. Depuis le sénatus-consulte
Velléien jusqu'à Justinien, il n'y a plus d'intérêt à distinguer si l'*intercessio* a lieu au profit du mari ou de toute
autre personne ; mais ce prince modifia considérable-
ment l'ancienne législation. L'incapacité complète, absolue de la femme ne tient plus à son sexe, mais à sa
position de femme mariée : c'est dans l'intention de
garantir la dot d'une façon certaine qu'il déclare nulle
toute intercession de la femme au profit de son mari. Au
contraire, si c'est pour un tiers que la femme intercède,
il suffit que son engagement ait une juste cause ou qu'elle
ait manifesté une libre et ferme volonté de s'obliger,

pour qu'il soit valable (L. 22, 23, 24, 25, Code IV, 29).
Si son engagement avait été contracté pour son mari,
quelles que fussent les ratifications qu'elle y appor-
terait, quelle qu'en fût la cause, il serait frappé d'une
nullité radicale et absolue. Dans sa Novelle 134, Justinien paraît admettre une exception à cette prohibition,
pour le cas où l'obligation aurait été contractée et l'argent employé dans l'intérêt de la femme. Mais l'exception n'est qu'apparente, car, dans cette hypothèse, il
n'y avait pas *intercessio*, et un tel engagement ne tombait point sous le coup du sénatus-consulte Velléien.
Cette législation de Justinien sur les *intercessiones* fut
appliquée dans la plus grande partie de l'Europe ; en
France, non-seulement elle régit les pays dits de droit
écrit, mais elle fut adoptée par la plupart des pays de
coutume et a subsisté jusqu'à la Révolution. Les rédacteurs de notre Code civil ne l'ont point reproduite.

DE LA MANUS.

Nous avons eu plusieurs fois à parler de la *Manus* :
nous savons que c'était comme une modalité du mariage,
produisant des effets propres, profondément différents
de ceux du mariage non accompagné de la *manus*. A
l'origine, la *Manus* était sans doute la suite nécessaire
des *justæ nuptiæ* ; mais, lors de la loi des XII Tables,
si le mariage avec *manus* était encore le plus usité, il
était, depuis longtemps déjà, admis que le mariage
pouvait exister sans la *manus ;* les effets de la *manus*
que nous allons exposer n'étaient déjà plus ceux de

tous les mariages, mais seulement d'un certain nombre et ce nombre devait aller toujours en diminuant, jusqu'au jour où la *manus* finirait par tomber totalement en désuétude. A l'époque des XII Tables, la *manus* n'était plus, disons-nous, la conséquence immédiate et inévitable des *justæ nuptiæ* : les Décemvirs, en effet, innovèrent fort peu et se contentèrent de rédiger en forme de lois ce qui était déjà usité auparavant ; et, l'un des trois modes de la *conventio in manum*, l'*Usus*, prouve que le mariage ne produisait point par lui-même la *manus*. En effet, ce n'était qu'au bout d'un an de cohabitation continue que, par l'*usus*, le mari acquérait la *manus* sur sa femme. Il était donné à celle-ci un moyen de prévenir ce résultat, c'était de passer trois nuits entières hors du domicile conjugal ; il y avait alors (*usurpatio*) interruption de l'usucapion.

Les deux autres modes de produire la *manus* étaient a *coemptio* et la *confarreatio*.

La *coemptio*, nous dit Gaïus, était une vente fictive faite en empruntant la forme de la mancipation : ainsi le mari est censé acheter sa femme devant cinq témoins et un porte-balance (*libripens*), mais les paroles prononcées par le mari n'étaient pas celles dont se servait un acheteur ordinaire, et c'est grâce à cette différence que la femme ne sera point dans une condition servile.

La *confarreatio* avait un caractère particulièrement religieux : le grand pontife ou le flamine de Jupiter offrait un sacrifice en présence de dix témoins (représentant peut-être les dix curies de la tribu à laquelle appartenait la femme). Celle-ci tenait à la main un pain de froment (*farreus*), symbole religieux de son association aux *sacra* et à la vie de son mari ; des paroles solennelles étaient prononcées, mais aucun texte ne nous les fait connaître. La *confarreatio* n'était, semble-t-il, accessible qu'aux patriciens ; les enfants issus de mariages ainsi contractés étaient appelés *patrimi* et *matrimi ;* eux seuls étaient aptes à remplir les plus hautes fonctions du sacerdoce, celles de rois des sacrifices et celles de flamines majeurs, c'est-à-dire flamines de Jupiter, de Mars ou de Quirinus ; peut-être même, anciennement, tous les sacerdoces leur étaient-ils réservés ; ce serait l'explication de ce fait que les dignités dont les patriciens gardèrent le plus longtemps le monopole, furent les dignités sacerdotales. Peu à peu la *confarreatio* tomba en désuétude ; sous Tibère, elle était devenue tellement rare, qu'au témoignage de Tacite, à la mort de Servius Maluginensis, flamine de Jupiter, on ne put trouver dans Rome trois patriciens issus *ex confarreatis nuptiis*, parmi lesquels on devait, d'après l'usage antique, choisir son successeur. Le Sénat permit alors la *confarreatio ad sacra tantum* et décida que l'épouse du flamine ne serait *in manu mariti* que pour ce qui regarde le culte de Jupiter.

La femme ne pouvait *convenire in manum*, sans le consentement de son père, si elle était *filia familias*, ou de son tuteur, si elle était *sui juris ;* c'est ce qui résulte d'un passage de Cicéron (*Pro Flacco*). Il suit de là, d'après les principes de la tutelle, que la femme *sui juris* ne pouvait passer sur la *manus* de son mari par l'*usus*, car l'*auctoritas tutoris* devait être interposée *in ipso actu.*

Le propre de la *manus* était de produire un changement de famille irrévocable : elle faisait sortir la femme de sa famille et entrer dans celle de son mari. En passant *in manum mariti*, la femme cessait d'être la *filia familias* de son père et perdait tous droits à sa succession ; elle était, disent les textes, par rapport à son mari *loco filiœ*. Est-ce à dire qu'il n'y avait point de différence entre la *manus* et la *patria potestas ?* Remarquons d'abord que l'on ne peut tirer argument des termes dont se servent les jurisconsultes *loco filiœ*, pour soutenir que la *manus* et la *patria potestas* étaient identiques ; en effet, l'enfant *in mancipio* est *loco servi* sans être *servus* ; le *bonorum possessor* est *loco heredis* et cependant il y a de grandes dissemblances entre lui et le véritable *heres*. Aussi pensons-nous qu'il devait exister également d'importantes différences entre la femme *in manu* et la *filia familias ;* mais dans le manque absolu de textes remontant à une époque où la *manus* était encore une réalité, il est bien difficile de les préciser. On peut cependant citer les suivantes : si elle a épousé un *filius familias*, la femme *in manu* est pour son père *loco neptis*, le mariage existera donc entre deux personnes qui sont *filiœ* et *loco neptis* du *paterfamilias ;* il est, au contraire, radicalement impossible entre le *filius* et la *neptis* même adoptive, d'un même père de famille ; l'empêchement était tellement absolu, que si une personne adoptait sa bru sans avoir préalablement émancipé son fils, le mariage valablement contracté était dissous (L. 67, § 3 *De ritu nupt.*). On peut ajouter que le citoyen romain pouvait vendre sa fille, la donner en adoption et, si elle avait commis quelque dommage, la livrer en réparation du préjudice, tandis que sa femme *in manu*, il semble qu'il ne pouvait ni la vendre, ni la donner en adoption, ni la céder moralement (Gaïus IV. 80). Mais il nous paraît difficile d'admettre cette opinion, (1) qu'à la différence de la *potestas*, la *manus* n'aurait point d'effets quant à la personne même de la femme qui y est soumise et serait exclusivement relative à ses biens. Pour la défendre, on s'appuie sur ce passage de Gaïus : « Nous pouvons acquérir par nos fils ou nos esclaves, soit la propriété soit même la possession ; nous pouvons également acquérir par les personnes que nous avons *in manu* ou *in mancipio* la propriété, mais pour la possession, c'est douteux, car nous ne les possédons point. » Nous répondrons d'abord que Gaïus met sur la même ligne la *manus* et le *mancipium* ; il faudrait donc admettre également que le *mancipium* sur un individu n'a trait qu'à ses biens et nullement à sa personnalité. De plus, nous opposerons ce texte d'Ulpien qui est aussi affirmatif que celui de Gaïus et démontre que le père ne possédait point même ses fils *in potestate*, ce qui prouve que l'idée de puissance n'était, aux yeux des Romains, nullement corrélative à celle de possession de la personne sur laquelle elle s'exerçait : « *Per eum in quo usum fructum habemus possidere possumus, sicut ex operis suis adquirere nobis solet, nec ad rem pertinet quod ipsum non possidemus ; nam nec filium.* » (L. 1, § 8. D. 41, 2). Au reste, la *manus*, personne ne le conteste, opère un changement de famille, une *capitis*

____

(1) V. M. Gide, dans son ouvrage si remarquable sur la condition privée de la femme.

minutio ; comment concevoir une *capitis minutio* produisant effet sur les biens seulement et non sur la personne ? Est-ce que son effet direct n'est pas précisément de faire perdre l'état qu'on avait, d'effacer la personnalité juridique antérieure et de donner à la personne qui la subit une personnalité juridique nouvelle. Par exemple, la femme acquiert des droits de succession dans la famille de son mari; si la *manus* n'avait effet que sur ses biens, d'où lui viendrait cette capacité qu'elle n'avait point ? Comment la comprendre, si la *manus* ne lui a point fait acquérir au point de vue actif et passif, un état, une capacité différente de celle qu'elle avait précédemment? La femme *sui juris* devient par suite de la *manus, alieni juris;* c'est là, bien manifestement un changement qui affecte sa personne, à tel point que l'on se sert de la même expression pour la personne qui se donne en adrogation, c'est-à-dire qui passe sous la *patria potestas* d'un autre.

Le mari avait le droit de désigner dans son testament quel serait le tuteur de sa femme *in manu ;* souvent il n'en usait que pour lui laisser le choix de son tuteur (*tutor optivus*); à défaut de cette désignation, la femme se fût trouvée sous la tutelle des agnats de son mari.

La *manus* avait pour effet de modifier la composition du tribunal domestique qui aurait à juger la femme *in manu* : comme sa personnalité est, par la *manus,* absorbée par celle du mari, ce seront les cognats du mari qui le composeront

Nous avons vu que la femme *in manu* avait droit de succéder en qualité de *sua heres,* dans la famille de son mari, comme si elle en faisait partie depuis sa naissance : elle concourait avec ses propres enfants dans la succession de son mari. C'était une compensation à cet effet si rigoureux de la *manus* qui faisait acquérir au mari tous les biens qu'avait la femme ; le mari est également propriétaire de tout ce qu'elle peut acquérir par la suite. Quand se fut introduite l'habitude du divorce, on dut obvier aux suites ruineuses de la *manus* pour la femme : elle est riche, lors de la *conventio in manum,* tous ses biens sont acquis à son mari d'une manière incommutable ; et, quand le divorce interviendra, elle ne pourra les reprendre. Elle se trouvera dépourvue de tous biens en même temps qu'elle aura perdu ses droits de succession, et dans sa famille d'origine par la *manus* et dans celle de son mari par l'extinction de la *manus.* Pour remédier à une telle injustice, on imagina le *cautiones rei uxoriæ,* le mari s'engageait à rendre à la femme en cas de divorce, tout ou partie des biens qu'elle lui apportait. C'était si équitable et si naturel que le Préteur accorda bientôt une *actio rei uxoriæ* dans le cas où on aurait omis ces *cautiones.*

La *femme in manu* ne pouvait faire de testament ; nous n'aurions point à examiner cette question (car pour faire un testament il faut être *sui juris*), si Cujas n'avait soutenu l'opinion contraire. S'appuyant sur ce passage de Cicéron : « Si une femme fait un testament sans avoir subi de *capitis minutio,* il ne paraît point que le Préteur le tienne pour valable (Top. IV) ; » si la femme est *in manu,* il y a eu *capitis minutio* et le testament ne sera plus nul ; tel est son raisonnement.

Mais le grand jurisconsulte n'a point pris garde au commentaire de Boëce sur les Topiques qui explique ainsi la pensée de Cicéron : « La femme qui n'avait point éprouvé de *capitis deminutio* avait-elle fait un testament sans l'autorisation de son tuteur, on se demandait alors si le Préteur donnerait la *possessio secundum tabulas*. » Cette explication détruit l'argument *a contrario* de Cujas qui d'ailleurs n'aurait pu triompher des règles les plus précises de la législation romaine sur les testaments.

La *manus* qui était encore une réalité au temps de Cicéron tendait à disparaitre ; à l'époque de Gaïus elle n'existait plus que de nom. Cet auteur nous apprend que la *conventio in manum* au moyen de *l'usus* était depuis longtemps abolie tant par des lois que par désuétude ; nous savons ce qu'était devenue la *confarreatio*. Il n'est plus question de la *manus* à la fin du IIIe siècle.

DU DEVOIR DE FIDÉLITÉ.

La pureté des mœurs maintint longtemps entre les époux la fidélité conjugale. La sanction d'ailleurs était rigoureuse : le père pouvait tuer sa fille surprise en adultère et il résulte de ce passage d'Aulu-Gèle : « Si tu surprenais ta femme en adultère, tu pourrais la tuer sans jugement, » que le mari pouvait également, dans ce cas, tuer impunément sa femme. Hors le cas de flagrant délit, la femme était traduite devant le tribunal domestique qui faisait justice : c'est ainsi que la honte domestique restait ensevelie au sein de la famille. Au point de vue historique, nous devons signaler que, même dans les premiers temps, les Romaines n'ont point toujours été des modèles de vertus : sans parler des belles-filles du roi Tarquin, nous rappellerons qu'au rapport de Tite-Live (15. L. 7), parmi les femmes des chefs qui revinrent inopinément du siége d'Ardée, il n'y en eut qu'une qui ne fut point fâcheusement surprise par l'arrivée subite de son époux, c'était Lucrèce. Ces exemples, bien que venant d'en haut, ne furent point, empressons-nous de le reconnaître, suivis par le reste de la société, et Rome pourra encore pendant près de trois siècles s'enorgueillir de la fidélité et de la pureté des mœurs de ses femmes. Mais avec les victoires et les conquêtes de la République, avec le luxe, les richesse et l'importation des cultes orientaux, qui en furent la conséquence, la corruption se développpa rapidement. Dès le VI° siècle, le mal apparaît dans toute sa profondeur, avec la découverte des Bacchanales : « La secte était déjà si nombreuse qu'elle formait presque un peuple : des hommes et des femmes nobles en faisaient partie (Tite-Live 39, 13). Rome fut épouvantée ; les bacchantes furent livrées à la juridiction domestique et mises à mort. Les bacchantes disparues, la corruption resta et ne fit que s'accroître. Au VII° siècle, les adultères et les divorces ne se comptent plus ; sous Auguste, enfin, la dépravation dépasse tout ce que l'imagination la plus féconde peut imaginer ; et cependant la Rome d'Auguste s'est encore vu surpasser par la Rome des Caligula, des Claude et des Néron. Pour mettre un frein à la corruption générale, Auguste

imagina de faire des lois poussant au mariage et répri-
mant l'infidélité des époux, comme si les lois pouvaient
remplacer les mœurs. Ce ne fut point sans une énergique
résistance, de la part du peuple romain, qu'Auguste
put faire passer les lois caducaires, dont nous avons
plusieurs fois parlé et la loi *Julia de Adulteriis*; car ce
peuple faisait bon marché de ses libertés, non de ses
vices. La loi Julia apporte une innovation très-considé-
rable : la femme adultère sera désormais traduite devant
les tribunaux criminels. L'ancien tribunal domestique
qui suppose et une forte organisation de la famille et une
très-grande austérité de mœurs de la part de ceux qui
sont appelés à juger, avait depuis longtemps perdu l'autorité nécessaire. L'adultère devient, d'après cette loi,
un crime d'ordre public, dont la répression se poursuit par un *judicium publicum*; tout citoyen avait le
droit de se porter accusateur. Toutefois, le mari et le
père de la femme ont le privilége de pouvoir seuls,
pendant un délai de soixante jours, (à dater de la dissolution du mariage par la répudiation), prendre l'initia-
tive de l'accusation. Ces soixante jours écoulés, le droit
commun reprenait son empire et l'accusation redeve-
nait publique, ouverte à tous sans distinction. Elle n'est
possible pour la femme que pendant quatre mois,
tandis qu'on peut poursuivre son complice pendant
cinq ans; il est à remarquer que la poursuite ne
peut être exercée contre les deux coupables à la fois;
mais le même accusateur peut les poursuivre l'un après
l'autre. De plus, la poursuite n'est possible soit contre
la femme, soit contre le complice qu'après la dissolu-
ion du mariage ; mais, le mari qui conservait sa femme

adultère se rendait coupable de *lenocinium ;* ce crime était puni des mêmes peines que l'adultère (V. Cujas : « *Leno pro adultero habetur semper quia utriusque est eadem pœna* » IX, 1398) ; et la loi invitait tout citoyen à le dénoncer.

Le père qui surprenait sa fille pouvait encore la tuer impunément, elle et son complice, pourvu que le meurtre eût lieu *in continenti.* Quant au mari, il ne pouvait plus comme autrefois tuer impunément sa femme adultère ; s'il le faisait, il serait puni comme meurtrier, mais il y aurait atténuation de la peine, s'il l'avait surprise en flagrant délit.

La loi Julia fut loin d'arrêter le mal, et nous savons qu'il augmenta encore ; nous n'en citerons qu'un exemple : l'adultère était impuni, lorsque la femme exerçait le métier dégradant de *lena ;* l'on vit alors des matrones, pour échapper à la loi faire publiquement métier de prostitution (1). Ce furent, dira-t-on, quelques cas isolés qui ne se généralisèrent point ; ils furent au contraire tellement nombreux que le Sénat dut rendre un décret pour interdire aux femmes qui avaient pour père, pour aïeul ou pour mari un chevalier, de se faire courtisanes : *Cautum ne quæstum corpore faceret, cui aut avus, aut pater, aut maritus eques romanus fuisset* (Tacite, *Annales* 2, 85). Certes, au milieu de ces turpitudes, on trouve encore quelques Romaines dignes de fouler le sol qui avait porté Cornélie, Virginie, Fabia, Véturie ; nous pouvons citer parmi elles

(1) « Feminæ famosæ, ut ad evitandas legum pœnas, jure ac dignitate matronali exsolverentur, lenocinium proliteri cœperunt. »

la première Agrippine, veuve de Germanius, Antonia
veuve de Néron, Drusus, Eponine, les deux Arria.
Ce furent là de grandes, de nobles exceptions, mais en
trop petit nombre pour faire oublier la dépravation
générale et pouvoir effacer la marque d'infamie qui s'attache aux Romaines de l'Empire. Jusqu'à Constantin,
aucune loi n'intervint pour essayer de ramener la pureté des mœurs ; les empereurs romains reconnais-
saient leur impuissance et cette illustre école de jurisconsultes, qui depuis Labéon jusqu'à Ulpien a jeté tant
d'éclat, n'a jamais rien tenté pour y parvenir, considé-
rant cette œuvre comme impossible. Mais lorsque le
christianisme arriva sur le trône des Césars, ayant sous
les yeux la beauté idéale de ces mariages des premiers
chrétiens où la femme unie par une indissoluble affection à son mari, partageait ses travaux, ses périls, son
martyre, il pensa pouvoir régénérer le mariage païen.
Constantin prononce la peine de mort contre la femme
adultère et son complice ; et, au lieu d'appartenir à
tout citoyen, le droit de poursuivre l'adultère n'appartient plus qu'au mari, au père, au frère et à l'oncle ;
on supprime ainsi la poursuite publique que réprouvait
l'Evangile pour laisser au mari et à la famille le choix
de punir la faute ou de la pardonner. Aux Instituts,
Justinien attribue à la loi Julia d'avoir prononcé la
peine de mort ; c'est une erreur : nous en avons la
preuve dans les sentences de Paul (L. 26, 14), et dans
le texte même de la constitution de Constantin qui est
insérée au Code (L. 20, 9, 9). A la peine de mort, une
Novelle de Justinien substitua pour la femme la fusti-
gation et l'emprisonnement dans un monastère, où elle

restait **enfermée** pour toujours et prenait le voile, si son mari ne consentait à la reprendre dans les deux ans. Le monastère acquérait le tiers de ses biens, si elle avait des descendants, les deux tiers si elle n'avait que des ascendants, enfin, tous ses biens si elle n'avait **ni descendants, ni ascendants.**

FILIATION LÉGITIME.

L'effet le plus important des *justæ nuptiæ* est de produire la filiation légitime. Les enfants s'appellent *justi liberi ;* ils prennent le nom de leur père et en suivent la condition juridique. Ils sont dans sa famille, sous sa puissance, s'il était *sui juris*, lors de la conception, ou sous celle de la personne qui avait sur lui à cette époque la *patria potestas*. Tout ce qu'ils acquerront sera pour le *paterfamilias* : tant qu'ils resteront dans la famille, ils seront incapables d'avoir des biens. Sont-ils institués héritiers, l'hérédité appartiendra au chef de la famille. A la mort du *paterfamilias*, ils viennent à sa succession comme héritiers siens et nécessaires.

La procréation *ex justis nuptiis* engendrait la parenté civile ou *agnation :* c'est le lien qui unit entre eux tous les membres d'une même famille, c'est-à-dire tous ceux qui sont sous la puissance de la même personne ou qui ont cessé de l'être sans *capitis minutio*. Si l'on excepte ceux qui sont entrés dans la famille par suite d'adoption ou d'adrogation, les agnats descendent *per virilem sexum* d'un même auteur du sexe masculin et sont tous issus de justes noces.

La filiation *ex justis nuptiis* produisait, outre l'agnation, la cognation ou parenté. Les enfants sont les cognats des parents de leur père qui sont sortis de la famille, bien qu'ils ne soient point leurs agnats : de même, ils ne sont les agnats ni de leurs parents maternels ni de leur mère (si elle n'est pas *in manu*) mais ils sont leurs cognats. La cognation, nous l'avons vu, faisait à un certain degré, obstacle au mariage. Elle ne donnait, dans le droit primitif, aucun droit de succession, car la dévolution des hérédités était réglée non d'après l'affection naturelle, mais par des combinaisons exclusivement politiques. Mais, le préteur et plus tard les empereurs s'attachèrent à corriger cet excessif rigorisme de l'ancien droit, et les cognats finirent par être appelés, comme tels, à la succession de leurs parents.

L'enfant doit le respect à ses ascendants paternels ou maternels. Il y avait de cette règle plusieurs explications juridiques : ainsi, l'enfant ne peut les poursuivre en justice sans une autorisation spéciale et préalable du magistrat ; même avec cette autorisation, il ne pouvait intenter contre eux une action infamante, ni leur opposer une exception de dol ; enfin quelle que fût l'importance de son obligation, l'ascendant ne pouvait être condamné que *quatenus facere posset*, c'est-à-dire jusqu'à concurrence de ses moyens.

L'obligation de nourrir et élever l'enfant issu *ex justis nuptiis* pèse sur le père et les ascendants paternels ; à leur défaut ou s'ils sont trop pauvres pour l'acqnitter elle passe aux ascendants maternels. L'enfant doit également des aliments à ses ascendants; mais pour qu'il puisse accomplir cette obligation alimentaire il faut le supposer *sui juris;* car toute personne en puissance était incapable d'avoir des biens.

Comment se constatait la filiation ? A l'égard de la mère, le fait matériel de l'accouchement établit d'une manière certaine, indubitable la filiation ; la paternité au contraire est d'après la nature, incertaine. Mais le mariage établissant la cohabitation entre les époux et défendant à la femme de cohabiter avec tout autre que son mari, les Romains en ont tiré cette conséquence qu'ils ont érigée en présomption : *pater is est quem nuptiæ demonstrant* (1). Toutefois avant d'appliquer cette règle il faut que les faits ne lui donnent point un éclatant démenti : la femme doit avoir conçu pendant le mariage. La jurisprudence romaine semble s'être fixée en ce sens que la femme porte son enfant au moins cent quatre vingts jours et pas plus de trois cents; il faudra donc pour que l'enfant soit légitime que lors de sa naissance le mariage soit commencé depuis plus de cent quatre vingts jours ou qu'il ne soit point dissous depuis plus de trois cents. En outre, la cohabitation physique doit avoir été possible entre les époux pendant une partie au moins de cette période de cent vingt et un jours dans laquelle se place la conception : il en résulte que si pendant ces cent vingt et un jours le mari a été dans l'impossibilité matérielle par suite d'absence, de maladie ou d'accident, de cohabiter avec

(1) L. 5. D. II, 4.

sa femme, la règle *pater is est* ne pourra plus être appliquée.

Nous devons comparer brièvement aux enfants nés *ex justis nuptiis*, ceux qui sont nés des autres unions régulières, reconnues par la loi : le *concubinatus*, le *mariage de droit des gens* et le *contubernium* ; et d'abord, indiquer ce qu'étaient ces trois unions.

Du concubinatus. Le mariage ne pouvait primitivement avoir lieu entre patriciens et plébeiens ; après l'abrogation de cette prohibition subsiste la défense faite aux ingénus d'épouser des affranchis. Naturellement, des unions se sont formées entre ces différentes personnes qui ne pouvaient contracter mariage ; mais elles n'étaient point reconnues par la loi : on les appelait des concubinats. Jusqu'à Auguste, le concubinat n'eut aucune réglementation légale ; les enfants qui en naissaient suivaient la condition de leur mère ; aucun lien ne les rattachait à leur père pas plus que ceux qui n'avaient pas de père connu (*vulgo concepti*). Ils étaient pour leur père comme des étrangers ; ils n'avaient aucun droit dans sa succession. Celui ci pouvait bien, s'il était *sui juris*, les adopter, les instituer héritiers, exactement comme il le pouvait à l'égard des personnes qui n'avaient avec lui aucun lien. Une loi portée sous Auguste, (sans doute la loi Papia Pappea) vint, au contraire, donner une existence légale au concubinat qui devint une union régulière, inférieure il est vrai, au mariage, mais n'entraînant aucune honte ni aucun deshonneur, à la différence des commerces contraires aux bonnes mœurs qu'on flétrissait du nom de *stupra*. Le concubinat reçut de l'usage des règles qui le rendirent semblable au mariage. Ainsi, un homme ne pouvait avoir à la fois deux concubines, ni une concubine, étant marié ; il ne pouvait avoir pour concubine une personne qu'il ne pouvait épouser pour cause de parenté ou d'alliance ; le fils de famille ne pouvait s'engager dans les liens du concubinat sans l'autorisation du *paterfamilias*. Hors le cas de parenté ou d'alliance, on pouvait prendre pour concubine celle qu'on ne pouvait épouser : un sénateur pouvait parfaitement avoir pour concubine une comédienne ou une affranchie ; un fonctionnaire, une femme de la province où il exerçait ses fonctions. Le concubinat n'établissait point cette égalité qui est de l'essence des *justæ nuptiæ ;* on résumait en ces termes laconiques les différences entre le mariage et le concubinat : *nec dos, nec vir, nec uxor* : il ne pouvait y avoir, à l'occasion d'un concubinat, de dot valablement constituée ; les donations n'étaient point défendues, comme elles l'étaient entre époux. L'un des concubins détournait-il une chose appartenant à l'autre, il était passible de l'*actio furti*, à la différence des époux qui ne pouvaient intenter l'un contre l'autre que l'action *rerum amotarum*. Lorsque le préteur eut créé la *bonorum possessio unde vir et uxor*, pour faire arriver dans certains cas l'époux survivant à la succession de son conjoint prédécédé, elle ne fut accordée que s'il y avait *matrimonium legitimum*. De même, les avantages accordés par les Novelles de Justinien à l'*uxor* indigente, qui pouvait prendre le quart de la succession de son mari s'il ne laissait point plus de trois enfants, ou une part virile, s'il en laissait un plus grand nom-

bre, n'étaient point attribués aux concubines indi-
gentes.

La sanction rigoureuse qu'entraîne l'adultère de
l'*uxor* était-elle attachée au concubinat ? Cujas l'a soutenu avec cette force d'argumentation qui lui était propre ; mais, il nous semble que, dans la loi 13 *Ad legem
Juliam*, Ulpien donne clairement la solution de la question. Nous dirons donc, avec cette loi, que la concubine n'était point passible des peines de la loi Julia ; il
n'y avait d'exception que pour les femmes qui, en s'en-
gageant dans les liens du concubinat, ne perdaient
point leur qualité de matrones : telles étaient, ajoute
Ulpien, les affranchies concubines de leurs patrons.
Encore est-il à remarquer que le patron ne jouit point
du privilége des soixante jours accordé au mari et ne
pourra agir que *jure extranei*.

Le concubinat continua à être reconnu par la loi
jusqu'à la fin du IXe siècle : ce fut Léon VI, le Philoso-
phe, qui, par sa quatre-vingt-onzième Novelle, le sup-
prima comme contraire aux principes du christianisme :
« La loi qui a cru devoir admettre le concubinat a ou-
tragé la pudeur publique ; nous ne pouvons admettre
que cette méprise du législateur déshonore plus longtemps notre État ; que cette loi soit à jamais abolie. »

MARIAGE DU DROIT DES GENS.

Les *justæ nuptiæ* étaient réservées aux seuls citoyens
romains ; les pérégrins ne pouvaient y prétendre. Mais
si le mariage contracté selon le droit des gens entre

pérégrins ou entre Romains et pérégrins ne pouvait
constituer de justes noces, la nature des choses avait
cependant contraint les Romains à lui reconnaître une
existence légale. Aussi, cette union n'était-elle point
dépourvue d'effets ; bien qu'inférieure aux *justæ nuptiæ*, elle était, aux yeux des jurisconsultes, supérieure au
concubinat. Ainsi, il résulte d'un passage de Cicéron
(*Topiques*, 4), qu'une dot pouvait être constituée par la
femme et réclamée par elle à la dissolution du mariage, selon les règles du droit des gens. Ce texte
prouve en outre que pour rompre l'union du vivant des
époux, il fallait recourir à un divorce, à la différence
du concubinat qui se dénoue avec la plus entière liberté, sans qu'aucune formalité soit nécessaire.

Enfin, si l'épouse viole le lien conjugal, la loi Julia
lui est applicable ; mais son mari ne peut l'accuser que
jure extranei (Papinien, *Frag. ex collat.* L. 4, 5 § 2).
Cependant, il est plus favorisé qu'un *extraneus* ordinaire : la loi Julia déniait le droit de se porter accu-
sateurs aux citoyens notés d'infamie et aux affranchis
qui n'ont point d'enfants et ne sont point possesseurs
d'une certaine fortune (*sestertiorum triginta millium*) ;
fût-il affranchi, fût-il noté d'infamie, l'époux de droit
des gens n'en pouvait pas moins intenter l'accusation,
« quia propriam persequitur injuriam. » (Pap.)

Sous Justinien, le mariage de droit des gens a complétement disparu ; devenu fort rare depuis que Caracalla eut accordé le *jus civitatis* à tous les sujets de
l'Empire, il perdit par la suppression des *latins janiens*
et des *dediticcs* les quelques applications qu'il avait pu
conserver. C'est ce qui explique qu'il nous soit parvenu

si peu de textes sur ce sujet; de là l'impossibilité de préciser avec exactitude tous les caractères de ce mariage; mais son existence entre le concubinat et les *justæ nuptiæ* ne peut-être méconnue.

Du Contubernium.

On donne ce nom à l'union de deux esclaves ou de deux personnes dont l'une est esclave. Nous avons bien peu de choses à en dire, les esclaves n'ayant à Rome de personne que le nom ; elle était dissoute à la volonté du maitre qui disposait, comme il le voulait, de leur personne. Le *contubernium* produisait la *cognatio servilis* qui n'engendrait aucun effet civil, si ce n'est l'obstacle aux *justæ nuptiæ* que nous connaissons. Le sénatus-consulte Claudien prohiba le commerce d'une femme libre avec l'esclave d'autrui, autrement elle s'exposait à devenir l'esclave du maitre ; ce sénatus-consulte fut rendu sur la proposition de l'austère Claude, à l'instigation de son affranchi non moins austère, Pallas, à qui le Sénat décerna même les plus grands éloges à cette occasion. Cette prohibition fut renouvelée sous Vespasien (Suétone, *Vesp.*, 11). Plus tard, Constantin interdit aux femmes tout commerce avec leurs propres esclaves, sous peine de mort. Ces deux mesures en disent plus, sur la dégradation des mœurs de ces temps, que tout commentaire.

Effets de la filiation ex concubinatu in ex matrimonio non justo.

Ces enfants ont une filiation légalement certaine, à l'égard de leur père et de leur mère, par opposition à ceux qui sont nés d'une union passagère (*vulgo concepti*), qui ont bien une filiation certaine à l'égard de leur mère, mais dont la filiation paternelle demeurera perpétuellement incertaine, les Romains n'ayant pas admis notre reconnaissance des enfants naturels. Les uns comme les autres, d'ailleurs, suivent la condition de leur mère et ont les mêmes droits dans sa succession. Ainsi, le sénatus-consulte Orphitien, rendu sous Marc-Aurèle, décide que les enfants légitimes ou naturels succéderont à leur mère, en leur première ligne, de préférence à ses agnats.

Bien qu'ayant un père certain les enfants qui ne sont pas issus *ex justis nuptiis* ne sont point sous sa puissance, ne sont point dans sa famille ; il n'y a entre eux que le lien de cognation ; au lieu de venir à son hérédité comme héritiers siens et nécessaires, en premier ordre, ils ne sont à aucun degré, ses héritiers, d'après le droit civil ; le préteur leur accorde seulement la *bonorum possessio unde cognati*, qui les faisait passer après les agnats. Ils sont également les cognats des parents de leur père et ils pourront invoquer cette même *bonorum possessio*, pour arriver à leur succession, dans le cas où il n'y aurait pas d'héritiers d'un degré préférable ou dans le cas où ils refuseraient. Justinien étendit les droits des enfants issus d'un concubinat dans la succession de leur père (le mariage de droit des gens avait disparu) : s'ils se trouvent en présence de descendants légitimes ou de l'*uxor*, ils ont droit à des aliments proportionnés à leurs besoins ; et, si leur père ne laisse que des agnats, ils peuvent concourir avec eux et prendre un sixième de la succession paternelle.

L'ancien droit avait admis, pour les enfants nés d'un mariage du droit des gens, certains modes de les rendre légitimes, que Gaïus nous développe dans son *Commentaire* I, § 67 et suivants ; c'étaient la *causæ probatio*, l'*erroris causæ probatio* et le *rescrit du prince*. Le mariage du droit des gens se transforme alors en *justæ nuptiæ* et en produit tous les effets.

Quant aux enfants nés d'un concubinat, il n'y eut jusqu'à une époque très-avancée de la législation romaine, qu'un moyen de leur faire acquérir les droits d'enfants légitimes, c'était de les adopter, comme l'on pouvait adopter toute personne qui jouit du *jus civitatis*. Ce fut Constantin qui introduisit la légitimation : il offrit aux père et mère le moyen de rendre légitimes les enfants qu'ils avaient eus d'un concubinat, à la condition de contracter mariage ; mais, sa constitution ne s'appliquait qu'aux enfants déjà nés. Zénon promulgua une semblable constitution, qu'il n'étendit point davantage pour l'avenir, mais qui s'appliquait uniquement aux enfants nés. En l'année 517, l'empereur Anastase fit entrer dans la législation la légitimation par mariage subséquent comme une institution régulière et non plus comme une faveur transitoire. L'empereur Justin

défendit aux parents d'adopter leurs enfants naturels,
se fondant sur ce qu'ils peuvent user de la légitimation,
qui reste désormais le seul moyen d'assimiler les enfants qui ne sont pas nés des justes noces à ceux qui
en sont issus. Sous Justinien, il faut, pour qu'elle soit
possible : qu'il n'ait point existé d'obstacle au mariage
des père et mère, lors de la conception ; en outre, le
mariage doit être accompagné de la rédaction d'un
instrumentum dotale, pour bien indiquer que le concubinat est désormais changé en justes noces ; enfin, il
faut que les enfants ne s'opposent point à la légitimation, car ils ne peuvent être soumis malgré eux à la
puissance paternelle. Ainsi légitimés par mariage subséquent, les enfants avaient la même situation que s'ils
étaient nés *ex justis nuptiis ;* ils entraient dans la
famille de leur père et acquéraient le droit de succéder
en premier ordre et à leur père et à leurs parents
paternels.

Il pouvait arriver que le père ne pût épouser la mère
de ses enfants parce qu'elle refusait, parce qu'elle était
indigne du mariage ou parce qu'elle était morte ; Justinien permit au père qui se trouverait dans ces conditions de lui demander un rescrit prononçant la légitimation de ses enfants ; mais il fallait qu'il n'eût point
d'enfants nés d'un mariage légitime. Justinien alla plus
loin : il accorda au père qui ne laissait point d'enfants
légitimes et se repentait d'avoir négligé pendant sa vie
ses enfants naturels, de déclarer, dans son testament,
qu'il désirait qu'ils lui succédassent comme s'ils eussent
été légitimes ; ceux-ci s'adressaient alors à l'empereur
et obtenaient un rescrit comportant légitimation.

Mais, à côté de ces légitimations, qui procédaient d'une idée morale et bienveillante à l'égard des enfants naturels, se trouvait une institution imaginée non par intérêt pour la famille, mais par mesure purement fiscale, inventée par Valentinien III pour parer à l'épuisement de ses finances, maintenue et réglementée d'une manière définitive par Justinien, *l'oblation à la curie*. Elle se rattache au système adopté pour le recouvrement des impôts : les membres des *curies* (corps municipaux) devaient faire rentrer les impôts publics ; et, charge bien lourde à une époque où les populations ne pouvaient plus payer ce qu'on exigeait d'elles, ils répondaient sur leurs biens du recouvrement. Ils étaient en outre seuls tenus des impôts extraordinaires ; et, pour qu'ils ne pussent dissimuler leur fortune, il leur était interdit de vendre leurs biens. Il est aisé de comprendre que les *curiales* cherchaient par tous les moyens à échapper aux conséquences de leur qualité et que le recrutement de la curie devait présenter les plus grandes difficultés. Par une constitution rendue en 442, les empereurs Théodose et Valentinien décidèrent que le père naturel qui offrirait ses enfants à la curie de sa ville les légitimerait ; l'adhésion des enfants est nécessaire, mais elle est irrévocable ; bien que, mieux avertis des dangers de la curie, ils eussent postérieurement préféré leur ancienne condition, ils n'en restaient pas moins attachés aux charges municipales. On décida de même qu'un citoyen pouvait légitimer sa fille naturelle en la mariant à un *curialis*. Justinien étendit encore l'oblation à la curie en la permettant dans certains cas, où elle ne pouvait avoir lieu avant lui. La légitimation par oblation s'appliquait non-seulement aux enfants issus du concubinat, mais encore aux *vulgo concepti*. Mais l'enfant ainsi légitimé n'obtenait point des droits aussi étendus que s'il eût été légitimé par mariage subséquent : s'il acquérait vis-à-vis de son père les droits d'un enfant légitime, il ne pouvait venir à la succession de ses autres parents paternels, de sorte qu'on peut dire qu'il passait sous la puissance paternelle sans entrer dans la famille de son père.

CHAPITRE IV.

DISSOLUTION DU MARIAGE.

Il y avait à Rome quatre causes de dissolution du mariage : la *mort de l'un des époux*, la *servitude*, la *captivité* et le *divorce*. Les trois premiers ne demandent que peu de développements.

Mort de l'un des époux.

Si c'était la mort du mari qui avait mis fin au mariage, la veuve devait en porter le deuil pendant dix mois et ne pouvait se remarier pendant cette année (l'année primitivement était de dix mois). D'après Plutarque, Numa serait l'auteur de cette disposition, basée surtout sur la nécessité d'éviter les confusions de *perturbatio sanguinis*. Aussi, dans le cas même ou la veuve ne doit point porter le deuil de son mari, par exemple, s'il a été condamné pour crime de haute trahison *perduellionis damnatus*, elle n'en reste pas moins soumise à la nécessité d'observer le délai légal ; au contraire, si elle venait à accoucher avant l'expiration de ce terme, elle pouvait immédiatement contracter un second mariage. La violation du délai légal n'entraînait point la nullité du second mariage, la sanction était l'infamie qui atteignait les nouveaux époux, et, s'ils n'étaient point *sui juris*, ceux qui avaient sur eux la puissance paternelle. Les empereurs chrétiens substituèrent le délai de douze mois à celui de dix mois. Remarquons encore que la veuve ne tombait sous le coup des dispositions de la loi Papia Pappea que si elle restait deux ans sans se remarier ; le mari au contraire, resté veuf, devenait immédiatement *cœlebs* et, comme tel, encourait les incapacités des lois caducaires jusqu'à ce qu'il eût contracté un nouveau mariage.

Servitude.

L'esclave étant incapable d'être uni par les liens des *justæ nuptiæ*, la servitude encourue par tout citoyen rompait le mariage. Précisément dans le but d'empêcher cette dissolution du mariage, Justinien décida que la condamnation *ad metallum* ne ferait plus perdre au condamné sa qualité d'homme libre ; et, comme cette condamnation était la cause la plus ordinaire de servitude, les applications de ce mode de dissolution du mariage auront été fort restreintes après lui.

La *captivité* dissolvait de plein droit le mariage, à moins que les deux époux ne fussent prisonniers ensemble et ne revinssent en même temps. Dans toutes les autres hypothèses, le retour de l'époux captif n'avait point pour effet de faire continuer le mariage, les anciens conjoints pourront seulement, s'il n'est survenu aucun obstacle à leur union, se marier ensemble à nouveau. Avant Justinien le conjoint du captif pouvait immédiatement contracter un autre mariage ; ce prince décida qu'il ne pourrait plus se remarier qu'après cinq ans ; autrement il serait enfermé dans un monastère auquel seraient attribués ses biens, sauf un tiers s'il a des ascendants et deux tiers s'il a des descendants.

Divorce.

Le mariage chez les Romains ne fut jamais indissoluble ; mais les causes et les formes du divorce varièrent selon les époques. Romulus, suivant Plutarque, avait donné au mari le droit de répudier sa femme, mais pour causes déterminées. « Entre les lois que fit Romulus, dit-il, il en est une qui paraît fort dure : c'est celle qui, en défendant aux femmes de quitter leurs maris, autorise les maris à répudier leurs femmes, lorsqu'elles ont préparé du poison, se sont rendues coupables de supposition de part, se sont procuré de fausses clefs, ou ont commis un adultère. » Et il ajoute : « Si un mari répudie sa femme pour toute autre cause, la loi ordonne que la moitié de ses biens soit dévolue à la femme, l'autre à Cérès et qu'il soit lui-même voué aux dieux infernaux. » Ainsi, à l'origine il fallait un grief légitime pour pouvoir user du *repudium* ; et Festus nous apprend qu'il était ainsi appelé, parce qu'il intervenait à l'occasion d'un acte honteux, d'une *res pu-*

denda. La loi des XII Tables permettait le divorce, mais nous ignorons complétement à quelles conditions et ce qu'elle en disait (Hugo). Ce qui est certain, c'est que les mœurs répugnaient au divorce qui n'entra point dans la pratique avant la fin du vi⁰ siècle de Rome ; et même, si l'on en croyait Valère-Maxime, il n'y aurait point eu une seule répudiation jusqu'à l'année 520. La première aurait été celle de Spurius Carvilius Ruga, qui encore ne répudia point sa femme spontanément, mais par fidélité pour son serment : selon l'usage, il avait juré aux censeurs qu'il se mariait pour avoir des enfants ; comme sa femme était stérile, Carvilius, qui l'aimait (Valère-Maxime, Aulu-Gelle), pensa néanmoins que le devoir lui commandait de la répudier, pour échapper au parjure ; toutefois, Aulu-Gelle et Denys d'Halicarnasse rapportent qu'il fut vivement critiqué par les contemporains. Cependant, ce divorce n'était certainement point le premier à Rome, car le même Valère-Maxime nous apprend que Sempronius Sophus, préteur en 470, répudia sa femme, parce qu'à son insu elle avait assisté aux jeux publics. Auparavant, les censeurs avaient chassé du sénat. L. Antonius, vers l'an 447, non point pour avoir répudié sa femme, mais pour l'avoir fait sans consulter le tribunal domestique. Cependant le divorce de Carvilius Ruga, qui provoqua l'indignation du peuple, avait certainement quelque chose d'insolite. Bien des explications ont été présentées ; on ne peut alléguer le même motif qui avait ému les censeurs à propos d'Antonius, Carvilius ayant assemblé le tribunal domestique qui avait été d'avis qu'il devait répudier sa

femme. Nous proposerions, quant à nous, de dire que
ce fut le premier divorce qui eut lieu à Rome pour une
autre cause que celles qu'admettait formellement et
limitativement l'ancienne loi (de Romulus d'après Plutarque) ; on comprendrait bien alors que ce divorce eût
fortement agité un peuple qui avait, à un si haut degré,
le respect des vieilles traditions et eût obtenu une aussi
solennelle mention dans l'histoire. Outre qu'il est bien
difficile d'expliquer autrement comment tous les his-
toriens latins rapportent que ce divorce fut le premier
alors que, d'après eux-mêmes, il y en avait eu auparavant ; cette explication nous semble confirmée par ce
passage de Tite-Live : « Ce qui déplut au peuple ce
fut moins la nouveauté du fait que sa rigueur exagérée :
on trouvait cruel et inique que des épouses, qui
s'étaient mariées en vue d'une société de toute la vie,
fussent répudiées QUACUMQUE DE CAUSA. » Ainsi, cet
auteur ne dit point d'une manière générale qu'il
paraissait inique que les épouses fussent répudiées,
mais qu'elles le fussent *quacumque de causa;* et, si
l'on songe que le motif du divorce de Carvilius n'était
point le premier venu, mais était sérieux; la seule
interprétation possible de ces mots *quacumque de
causa* est manifestement : pour une cause qui n'était
point formellement déterminée.

Ce qui est bien certain, c'est qu'après Carvilius la
répudiation se répandit rapidement dans toute la société et fut pratiquée par les femmes comme par les
hommes : déjà Plaute prête ces paroles à Alcmène,
s'adressant à son mari Ampitrion :

Valeas, tibi habeas res tuas, redde meas; et, c'est précisément la formule du *repudium*. Longtemps on a pensé que la femme *in manu* ne pouvait répudier son mari ; mais la découverte des Institutes de Gaïus a dissipé tous les doutes à cet égard (Comm. 1, 137). La *manus* résultait-elle de l'*usus* ou de la *coemptio*, il suffisait pour la faire cesser d'une *mancipatio* et d'un affranchissement. Mais si elle avait été établie par la *Confarreatio*, il fallait une solennité religieuse appelée *diffarreatio* « dont les cérémonies, dit Plutarque, étaient lugubres et effrayantes ; elles avaient pour objet d'exprimer l'indignation céleste et d'en conjurer les effets. » Un seul mariage, celui du Flamine de Jupiter ne pouvait se dissoudre par le divorce ; il n'était brisé que par la mort (Aulu-Gelle, 15). Bientôt pour divorcer, un caprice suffit ; on ne cherche même plus de prétexte pour répudier son conjoint : Paul-Emile a divorcé d'avec Papiria, femme aussi belle que vertueuse ; ses amis s'en étonnent et s'enquièrent du motif ; il leur répond : « Seul je puis savoir où ma chaussure me blesse. » Si l'un des époux est sous la puissance paternelle, il ne peut répudier son époux sans le consentement du *paterfamilias*. Bien plus, dans ce cas, ce dernier peut par sa seule volonté, malgré son enfant, envoyer le *repudium* à l'autre conjoint ; les auteurs comiques, Ennius, Plaute, Térence, font à ce droit exorbitant de fréquentes allusions. Il n'a été supprimé que par des constitutions d'Antonin le Pieux et Marc-Aurèle. Le père ne le conserva que pour motif tout à fait majeur, ou lorsque l'enfant était, par suite de folie, incapable de manifester une volonté. Jusqu'à ces empereurs, la fille ne pouvait apporter à cet excès de pouvoir qu'un tempérament indirect, en ne s'associant point à l'action en restitution de la dot. Malgré l'extrême facilité des divorces, il n'était point sans intérêt de rechercher si la répudiation était motivée par la conduite de l'autre époux ou si elle n'avait pour cause qu'un caprice ; le juge de l'action *rei uxoriæ* avait à rechercher auquel des époux elle était imputable pour lui infliger une peine pécuniaire.

Nulle forme légale n'était imposée à la répudiation ; dans l'usage, un affranchi transmettait le *repudium*, conçu en ces termes : *tuas res tibi habeto* ou bien *tuas res tibi agito*. Cette dernière forme était plus employée quand il émanait de la femme. Au témoignage de Cicéron, les formes n'avaient rien d'obligatoire ; elles étaient de si peu d'importance, qu'on se demandait si le divorce ne pouvait résulter d'une manifestation tacite de volonté, telle qu'un second mariage contracté par le mari sans répudiation préalablement signifiée à la femme. Depuis la loi Julia *De Adulteriis*, il faut distinguer du divorce par répudiation, le divorce *bona gratia*, c'est-à-dire par consentement mutuel. Ce dernier n'entraînait aucune peine pécuniaire, et continua à n'être assujetti à aucune forme ; aussi Cujas dit-il que c'était rompre le mariage *dulciter, sine querela et sine libello repudii*. D'après Ulpien, il n'y avait rien de plus naturel que cette dissolution du mariage par consentement réciproque : « rien n'est plus conforme à la nature que de dissoudre un lien par un mode qui a servi à le former. » (4, 35, L. 17.)

Quant au divorce par répudiation, la loi Julia exigea que la volonté de répudier fût exprimée en présence

de sept témoins citoyens romains et pubères, indépendamment de l'affranchi porteur du *libellum repudii*.
Auguste n'osa point limiter les causes de répudiation ; il ne fit que constater avec précision la date du
divorce, ce qui était important, puisqu'il faisait courir
les délais pendant lesquels on pouvait poursuivre l'a-
dultère de la femme. La femme avait un délai de dix-
huit mois pour se remarier, au bout desquels elle re-
tombait sous le coup des lois caducaires ; dans les
soixante jours qui suivaient le divorce (à moins qu'il
n'eût lieu *bona gratia*), la femme ne pouvait ni aliéner
ni affranchir ses esclaves ; on voulait par cette prohibition l'empêcher de les soustraire à la torture, pour
le cas où on aurait eu besoin de les interroger. Si,
lors du divorce, la femme est enceinte, le sénatus-consulte Plancien lui ordonne de signifier sa grossesse à
son mari dans les trente jours ; sinon, celui-ci sera
libre de nier sa paternité. Si le mari craint une supposition de part, il peut envoyer *custodes ad ventrem
inspiciendum observandumque ;* si la femme les reçoit
et accouche effectivement, le mari sera réputé père
de l'enfant comme s'il fût né pendant le mariage ; si,
au contraire, la femme prétend n'être point enceinte,
et que le mari la soupçonne de mensonge, un décret
de Marc-Aurèle autorise une vérification matérielle
par cinq sages-femmes désignées par le préteur ; si
elles partagent l'avis du mari, on donne encore à la
femme des gardiens et on la soumet à un surveil-
lance très minutieuse et très-sévère.

Une importante incapacité frappait l'affranchie
épouse de son patron : la loi Julia lui défendait de di-

vorcer sans le consentement de ce dernier. Si elle contrevenait à cette disposition, elle ne pouvait réclamer sa dot et on ne lui permettait point de se marier avec aucun autre que son patron. Mais il faut pour cela qu'elle soit véritablement redevable de la liberté à son mari ; par exemple, si ce dernier ne lui avait donné la liberté que parce qu'il en avait été chargé par un fidéicommis, elle est son affranchie, mais ce n'est pas de lui qu'elle tient la liberté et la loi ne s'appliquerait pas. La prohibition disparaît si le patron renonce à la conserver pour épouse ; la manifestation de cette volonté chez son mari peut n'être que tacite ; ainsi il a pris une concubine ou une autre épouse, elle pourra se remarier. Cette incapacité de l'affranchie fut maintenue pendant tout l'empire, et confirmée dans une Novelle de Justinien.

Pas plus qu'Auguste, les empereurs païens ne tentèrent d'imposer des limites à cette extrême facilité des divorces, qui faisait dire à Sénèque que bien des femmes comptaient leurs années par le nombre de leurs maris (1). Aussi bien, eussent-ils été, pour la plupart, mal venus à le faire, eux qui, au milieu d'une population si pervertie et si dégradée, se distinguaient encore entre tous leurs sujets par des vices plus monstrueux, des débauches plus infâmes, comme autrefois, ceux qui gouvernaient l'ancienne Rome, étaient les premiers de leurs concitoyens par leur courage, leurs talents et leurs vertus. Quant aux empereurs, en si

______

(1) Saint Jérôme raconte qu'étant à Rome, il assista aux funérailles d'une femme qui avait eu vingt-deux maris.

petit nombre, qui, pour leurs éminentes qualités, l'austérité et la dignité de leur vie, nous apparaissent entourés d'une auréole d'autant plus belle et plus brillante, qu'ils font un plus grand contraste avec tous les autres Césars, sans doute ils ont pensé que les lois étaient impuissantes contre une dépravation si fortement enracinée dans cette vieille société, et, s'ils ont cherché à réagir contre elle, ce fut par leur exemple. Le christianisme, au contraire, ne se laisse point effrayer par la profondeur de la plaie ; et, en 331, Constantin promulgue une constitution réduisant à trois le nombre des causes de répudiation ; la femme devait prouver que le mari était coupable ou d'homicide, ou d'empoisonnement, ou de violation de tombeaux ; si elle divorçait pour toute autre cause, elle devait laisser dans la maison de son mari tout ce qui lui appartenait et elle était punie de la déportation dans une île, pénalité beaucoup trop rigoureuse pour que cette constitution fût appliquée et surtout pour qu'elle le fût d'une manière durable. Le mari ne pouvait répudier sa femme que si elle était adultère, entremetteuse ou empoisonneuse ; s'il envoyait le *repudium* hors de ces cas, il devait restituer toute la dot et ne pouvait se remarier. En 421, Honorius renouvela la constitution de Constantin, mais en apportant des adoucissements aux peines qu'il avait établies ; il distingue si le divorce a eu lieu sans motifs, pour un grief léger, ou pour cause légitime. D'après Selden (*De uxore hebraica*, I, 3, 28), la constitution d'Honorius aurait été abrogée par les empereurs Théodose et Valentinien III, qui auraient rétabli l'ancienne liberté des divorces. Si le fait est

exact, ces empereurs ne tardèrent point à revenir sur
leur décision, car, en 449, ils promulguèrent une constitution limitative des causes de divorce : la femme
pourra répudier son mari s'il est homicide, empoison-
neur, adultère, s'il conspire ou est condamné pour
faux, s'il brise des tombeaux, dérobe quelque objet aux
églises, s'il réunit chez lui des femmes impudiques, s'il
accable sa femme de coups ou attente à sa vie. Ce sont
à peu près les mêmes causes qui permettent au mari de
répudier sa femme ; il faut y ajouter le fait, de la part
de cette dernière, d'avoir assisté aux jeux du théâtre
ou du cirque. L'époux qui aurait, hors des cas prévus,
envoyé le *repudium*, perdrait tous droits à la dot et à la
donation anté-nuptiale, et, si c'était la femme, elle ne
pourrait, à peine d'infamie, se remarier avant cinq ans,
si le divorce n'avait point de cause ; s'il en avait une,
elle pourrait se remarier au bout d'un an.

Justinien s'occupa beaucoup du mariage ; et, s'il ne
l'a point épuré, ce n'est point faute de lois. De toutes
ses décisions, parfois contradictoires, les unes modifiant
ou abrogeant les autres, nous ne donnerons que les
principales. Il ajoute aux causes légitimes de divorce,
l'impuissance prolongée pendant le délai de deux ans
(qu'il porta ensuite à trois), et l'entrée en religion ; mais,
si l'un des époux, après avoir feint de vouloir embrasser
l'état ecclésiastique, se remarie, ou bien vit dans la
débauche, il perd tous ses biens qui passent à ses
enfants ou, à défaut, au fisc. Les divorces *bona gratia*,
par consentement mutuel, après avoir été maintenus
dans la Novelle 22 (L. 4), sont supprimés (C. 10). Pour
les mariages contractés sans dot qui échappaient aux

peines pécuniaires établies par ses prédécesseurs, il décide que l'époux coupable perd un quart de sa fortune, qui est attribué à l'autre. La Novelle 134 édicta une pénalité nouvelle : les époux qui divorcent hors des cas déterminés sont enfermés dans un monastère, auquel sont attribués leurs biens, à l'exception d'un tiers s'il y a des ascendants et deux tiers s'il y a des descendants. La législation de Justinien ne fut point encore définitive; son successeur Justin rétablit le divorce par consentement mutuel (Nov. 140), en déclarant que son plus grand désir serait de maintenir la réforme de son prédécesseur. « Mais, dit il, des causes secrètes de division, pour n'être point comprises dans les cas déterminés par la loi, n'en rendent pas moins la vie commune intolérable, et poussent souvent au crime. Aussi, se voit-il contraint de permettre le divorce par consentement mutuel. »

Arrivé au terme de notre étude, jetons un regard en arrière : à la pureté des mariages primitifs, sous une législation si imparfaite et si incomplète, comparons ces honteux mariages de l'empire, soumis cependant à tant de lois limitatives, prohibitives, restrictives de tous genres; de toutes ces lois, quel était l'effet? Complétement nul, quelquefois même nuisible; ainsi, la pudeur publique n'avait jamais reçu autant d'atteintes que du jour où on lui imposa la protection de ces lois, qu'Auguste et ses courtisans appelaient pompeusement *leges de pudicitia*. De cette comparaison, ressort manifestement cette conclusion : lorsque, dans un État, il n'y a plus de mœurs, que la morale n'est plus qu'un mot, c'est inutilement que le législateur fait lois sur lois, elles ne feront point reprendre à la morale son empire sur les citoyens, et leur autorité ne pourra lui donner qu'une impuissante et vaine sanction. On ne rétablit point législativement la vertu ; comme le disait, avec tant de vérité le poète latin (1) :

. . . . , QUID LEGES SINE MORIBUS

VANÆ PROFICIUNT.

(1) Horace, Odes, III. 24.

DROIT FRANÇAIS.

DU PAYEMENT AVEC SUBROGATION.

CHAPITRE PREMIER.

UTILITÉ DE LA SUBROGATION. — SA NATURE.

L'effet du payement est de décharger le débiteur de son obligation et d'éteindre la créance avec tous ses accessoires. Qu'il soit fait par le débiteur ou par un tiers qui consent à payer pour lui, l'effet en est le même : le droit du créancier est anéanti, le débiteur est libéré. Mais, dans le second cas, si le tiers qui a fait le payement, a délié le débiteur de son obligation, il a, en même temps, acquis contre lui une créance née du mandat, s'il avait mission de faire ce payement, ou du quasi-contrat de gestion d'affaires, s'il a payé sans en avoir été chargé. Que l'on suppose l'obligation primitive garantie par des sûretés particulières, cautionnements, priviléges, hypothèques, qui en assuraient le recouvrement, ces sûretés ne pouvant survivre à l'obligation dont elles sont les accessoires, sont éteintes avec elle ; le tiers qui a payé a, pour recourir contre le débiteur, l'action de mandat ou de gestion d'affaires ; mais ces actions ne jouissant d'aucune garantie spéciale, n'étant que purement chirographaires, il sera exposé à tous les risques de l'insolvabilité du débiteur. Tandis que le créancier eût obtenu son remboursement intégral, le tiers qui n'a agi que pour rendre service au débiteur, que pour obtenir sa libération, n'aura qu'un simple dividende et peut-être n'obtiendra rien. A qui profitera la perte qu'il subit? Aux personnes qui venaient après le créancier désintéressé, qui devaient s'attendre à être primées par lui, qui savaient, lorsqu'elles ont contracté avec le débiteur, qu'il y avait une obligation de telle somme à payer sur ses biens, avant leurs créances. De bonne heure on reconnut l'injustice d'un tel système, d'autant plus qu'il devait détourner de s'engager ou de payer pour autrui, si, au prix d'un service rendu, on s'exposait à n'avoir contre le débiteur qu'une action inefficace ; et il importe au plus haut dégré à la société de faciliter aux débiteurs les moyens de trouver les fonds qui leur sont nécessaires pour faire face à leurs engagements. Aussi imagina-t-on de faire prendre à celui qui a obtenu la libération du débiteur la place qu'occupait le créancier désintéressé. Personne n'éprouve de préjudice : ce n'est pas le débiteur, puisque c'est dans son intérêt que le payement est fait ; ce n'est pas le créancier, puisque le payement le met hors de cause ; ce ne sont pas davantage ceux qui venaient après lui, car que leur importe que ce soit telle ou telle personne qui les prime, ils ont toujours un créancier avant eux et pour une même somme. Ils seraient d'autant plus mal fondés à se plaindre que le nouveau créancier, s'il n'eût été assuré de succéder à l'ancien, n'aurait point consenti à faire le payement et n'aurait point donné par là au débiteur des facilités qui lui permettront peut-être de revenir à meilleure fortune, ce qui profitera à tous ses créanciers. La subrogation ne nuit donc à personne et profite à tous.

C'est dans le droit romain que se trouve l'origine de notre subrogation (le mot nous vient du droit canonique, où il était employé en matière bénéficiale). Elle s'y réalisait de plusieurs manières : d'abord, au moyen de la *cession d'actions*, bénéfice introduit par la jurisprudence romaine, dans l'intérêt des cautions poursuivies par le créancier. En recevant son payement de l'un des fidéjusseurs, le créancier devait lui céder toutes les actions qu'il avait, ainsi que les sûretés, gages, hypothèques qui les garantissaient. Mais ces actions, le payement a précisément pour effet de les éteindre, comment la cession pourra-t-elle s'effectuer? Pour échapper à cette objection, les jurisconsultes romains avaient eu recours à une fiction : la caution est censée acheter au créancier ses actions avec leurs accessoires (1) ; et, comme le droit romain n'admettait point la cession de créances, on se servait d'un moyen détourné : le créancier donne mandat au fidéjusseur d'exercer les actions (2) contre le débiteur et les cofidéjusseurs : il le constitue *procurator*

—

(1) Non in solutem accepit, sed quodammodo nomen debitoris vendidit.
(2) Mandabat actiones.

in rem suam. Cette cession d'actions n'avait point lieu de plein droit, le fidéjusseur devait la réclamer au plus tard lors du payement ; car, postérieurement, les droits du créancier auraient été perdus ; s'il s'était laissé poursuivre en justice, il devait la demander avant la *litis contestatio*, qui avait pour effet d'éteindre les actions du créancier. Depuis Justinien, la cession pouvait être valablement réclamée depuis la poursuite et la condamnation.

Pour assurer aux cautions ce bénéfice, on donnait au fidéjusseur poursuivi une exception qui aurait paralysé l'action du créancier s'il avait refusé la cession. Le cessionnaire pouvait exercer le droit du créancier sur la chose hypothéquée, même à l'encontre d'un tiers détenteur ; ce point ne faisait à Rome aucune difficulté et si nous le mentionnons, c'est qu'il est chez nous l'objet d'une sérieuse controverse. Le bénéfice de cession d'actions appartenait également aux débiteurs solidaires ; le *mandator pecuniæ credendæ* en jouissait et d'une manière plus complète que les fidéjusseurs. Tandis que ces derniers n'avaient qu'une exception pour obtenir ce bénéfice, il avait action pour forcer directement le créancier à lui céder ses actions, l'action *mandati directa* ; de plus, le créancier est *obligé* de conserver ses actions pour pouvoir les lui céder (1) et lui assurer le moyen de rentrer dans ses déboursés, au lieu qu'à l'égard des fidéjusseurs, il n'est nullement tenu à les conserver mais simplement à les leur céder telles qu'il les a encore lors du payement. La raison de cette dou-

---

1) Comp. art. 2037 Code civil

ble différence c'est que dans la fidéjussion, contrat unilatéral et de droit strict, le créancier ne contractait aucune obligation ; le mandat au contraire établit entre le créancier et le *mandator* des obligations réciproques qui doivent s'exécuter avec toute l'étendue que comporte la bonne foi (1); d'où résulte, à la charge du créancier, l'obligation de rendre compte de toutes les actions dont il est investi.

A côté de la cession d'actions, il y avait la *successio in locum prioris creditoris*. Lorsqu'un créancier hypothécaire payait un créancier qui avait également hypothèque sur la même chose, il succédait au rang de celui qu'il désintéressait. Un débiteur pouvait de même, en empruntant une somme pour payer un créancier hypothécaire, et en la remettant aussitôt à ce dernier, pour bien constater que les deniers sont les mêmes, faire succéder son bailleur de fonds à l'hypothèque de ce créancier, ou plutôt à lui consentir une hypothèque ayant même rang et produisant mêmes effets que la première; il était si vrai que c'était une nouvelle hypothèque que l'on exigeait que la chose fût encore dans le patrimoine du débiteur, nul ne pouvant hypothéquer la chose d'autrui.

Ainsi, qu'on le remarque bien, dans ces deux dernières hypothèses, la créance est éteinte, elle ne passe point au nouveau créancier, celui-ci a seulement même rang hypothécaire que le créancier désintéressé; c'est ce que l'on exprimait en disant que le second créan-

_____

(1) Le mandat étant un contrat *bonæ fidei*.

cier : *Non succedit in actionem, sed in locum prioris, id est ordinem hypothecæ.*

En droit romain, il y avait donc et la *cessio actionum* et la *successio in locum*, bien distinctes par leurs effets comme par leurs applications. Si nous passons à l'ancien droit, il est fort difficile de dire quelle théorie fut adoptée ; nous ne trouvons que des discussions nombreuses et sans fin, chaque jurisconsulte ayant son système et compliquant la question à tel point qu'un procès sur une question de subrogation ayant été porté devant le Parlement, celui-ci ordonna aux parties de s'arranger, désespérant d'en démêler les difficultés ; c'est ce que nous rapporte Loyseau. Un édit du roi Henri IV de 1609 établit que *le débiteur* pouvait, *sans le concours du créancier* subroger celui qui lui avait prêté les fonds nécessaires pour éteindre sa dette « aux droits, hypothèques, noms, raisons et actions dudit ancien créancier. » Cet édit résolvait deux controverses des plus vives : la première sur le point de savoir si la subrogation devait transférer les droits et actions avec leurs accessoires ou seulement ces accessoires ; la seconde, si le débiteur peut par sa seule volonté consentir la subrogation à son prêteur de deniers. Mais même sur ces deux questions, tout débat ne cessa point immédiatement : il était si difficile à chaque jurisconsulte d'abandonner son savant et subtil système, si laborieusement conçu ; c'est ce qui explique que plusieurs arrêts de règlements soient intervenus sur des points qui étaient expressément tranchés par l'édit ; le Parlement appliqua l'ordonnance d'Henri IV. Aussi, dans le dernier état de notre ancien droit toute

controverse a cessé sur ces divers points ; la subrogation fait acquérir les actions mêmes du créancier qui
reçoit son payement avec les sûretés qui les garantissent, c'est ainsi que Pothier définit la subrogation :
« Une fiction de droit par laquelle le créancier est
» censé céder ses droits, actions, hypothèques et pri-
» viléges à celui de qui il reçoit son dû. »

Notre législateur n'a consacré que quatre articles à
la subrogation ; s'ils ont du moins le mérite de ne
pas se contredire l'un l'autre, il faut reconnaître
que c'est peu pour une aussi importante matière. Aussi,
plus que dans toute autre, est-il indispensable d'en
bien rechercher et établir les principes, puisque ce
seront eux seuls qui nous guideront dans l'examen de
nombreuses difficultés que le législateur n'a point prévues.

Le payement avec subrogation est un *payement fait
par un tiers* (1), qui est extinctif de l'obligation par
rapport au créancier, mais la laisse subsister au profit
de ce tiers qui pourra exercer, dans la limite de ses
déboursés, les droits et actions du créancier..

Des auteurs, notamment MM. Merlin et Grappe, ont
prétendu que, d'après notre Code, le payement avec subrogation est un payement extinctif de l'obligation tant
à l'égard du débiteur que du créancier ; mais à la
créance éteinte s'en substitue une nouvelle, fondée sur
le mandat, la gestion d'affaires ou le prêt fait par le
tiers, à laquelle s'attachent simplement les garanties
accessoires de l'ancienne créance. Examinons succes-

____

(1) Ou par le débiteur mais avec des fonds provenant d'un tiers.

sivement les arguments qu'invoque ce système. En premier lieu : le payement a éteint la créance et une créance éteinte ne peut faire l'objet d'une cession ; un droit qui ne subsiste plus ne peut être aliéné ; la subrogation ne peut faire revivre une dette payée. La réponse est facile : cet argument pose en principe que le payement avec subrogation a anéanti la créance et, c'est précisément ce qui est à démontrer. La subrogation n'a point pour effet de faire ressusciter ce qui n'existe plus, la preuve c'est que si le payement avait été effectué sans que le débiteur eût réclamé la subrogation, elle ne pourrait plus avoir lieu ; mais elle a seulement pour effet d'empêcher l'extinction de la créance à l'égard du débiteur. Nous ne voyons là rien d'anormal, surtout dans une législation qui admet la cession de créances. D'ailleurs, supposons cet argument fondé : si la créance est éteinte, les accessoires le sont également et ne peuvent se rattacher à la nouvelle créance ; c'est là ce qui ne pourrait se comprendre sans violer les principes les plus élémentaires du droit. En outre, comment les priviléges qui tiennent à la qualité de la créance, pourraient-ils se rattacher à une autre créance ayant une cause différente ? Vainement objecterait-on, pour repousser ces considérations, l'art. 1278 de la section de la novation, qui décide que les priviléges et hypothèques de l'ancienne créance passent à la nouvelle, si le créancier les a expressément réservés ; le législateur en effet a trouvé cette disposition tellement dérogatoire au droit commun, qu'il a dû faire un article spécial et formel. Nous pourrions discuter la portée de cette disposition ; mais, un article de cette même section répond péremptoirement au système que nous combattons, l'art. 1281. Cet article dispose que les codébiteurs et les cautions sont libérés par la novation (à moins bien entendu qu'ils n'aient expressément accédé à la nouvelle dette). Au contraire, « la subrogation a lieu tant contre les cautions que contre les codébiteurs. » Comment dans le système de M. Merlin expliquera-t-on que les cautions ne soient point déchargées, en cas de subrogation, si la dette n'existe plus ; alors qu'il est constant que le cautionnement ne peut survivre à l'obligation principale et qu'en cherchant bien dans tout le Code, on n'a point la bonne fortune de trouver un article exceptionnel comme l'art. 1278 ; au contraire, on se heurte aux art. 2034 et 1281. Ce système est donc dans une impasse d'où il ne peut sortir, car si la subrogation ne peut empêcher l'extinction de l'obligation principale, comment pourrait-elle ressusciter l'obligation accessoire de la caution ?

L'autorité historique vient-elle apporter à ce système un secours opportun ? Il n'apparaît ni dans la *cession d'actions* de Rome, ni même dans la *successio in locum*, ni dans l'ancien droit, où l'édit de 1609 avait tranché la question, encore moins dans Pothier, dont l'autorité est si grande en cette matière, puisque les rédacteurs du Code se sont proposé de le reproduire le plus fidèlement qu'il leur serait possible. Ce n'est point davantage dans les discussions préparatoires : « Il n'y a, dit M. Mouricault, que le payement pur et simple qui éteigne la dette ; *le payement avec subrogation la laisse subsister.* » Et M. Bigot Préameneu : « L'obligation est éteinte à l'égard du créancier par le payement que lui fait un tiers subrogé dans ses droits, *sans que cette obligation soit également éteinte à l'égard du débiteur.* » Enfin, si nous passons au Code, nous trouvons dans l'art. 1249 « la subrogation *dans les droits du créancier,*» dans l'art. 1250 «*dans les droits, actions, priviléges ou hypothèques* contre le débiteur », dans l'art. 2029 « la caution est subrogée à *tous les droits* qu'avait le créancier contre le débiteur. » La loi est donc aussi claire que possible ; et nous avouons ne pas reconnaître aux interprètes du Code le pouvoir de dire : quand la loi parle avec une telle insistance de la subrogation aux *droits et actions* du créancier, il faut lire, aux *accessoires de la créance.*

On insiste cependant, et l'on dit : le subrogé n'a d'action que jusqu'à concurrence de la somme qu'il a déboursée ; ce résultat est naturel et logique si l'on admet qu'il ne peut agir que par l'action de mandat ou de prêt, mais comment y arrive-t-on s'il a succédé à l'action même du créancier? — Par cette considération tirée du but et de l'utilité de la subrogation et qui est fondamentale, à savoir que la subrogation a été introduite pour empêcher certaines personnes qui méritaient faveur, parce qu'elles étaient venues en aide au débiteur en le libérant, d'éprouver un préjudice et nullement pour leur faire réaliser un gain ; ce serait dénaturer complétement la subrogation que de décider que la créance est cédée au subrogé au-delà de ses déboursés (1).

(1) V. en outre Infra, p. 92.

On tire encore objection de l'art. 1250, qui permet la subrogation du chef du débiteur : comment prétendre, dans ce cas, que ce dernier ait pu céder un droit qu'il n'a pas? Mais, s'il ne peut céder le droit, comment pourrait-il céder davantage les accessoires qui en font partie? Cette objection ne prouve donc rien contre l'un ou l'autre système ; cependant nous pouvons y répondre : lorsque le débiteur paye son créancier avec des fonds empruntés à un tiers et à ce destinés, il ne fait qu'exécuter le mandat que ce tiers lui avait donné ; par conséquent, il n'y a aucun obstacle de droit, dans notre système, qui considère la subrogation comme une cession fictive, à ce que la créance soit acquise à une personne qui avait la volonté de l'acquérir et a fourni les fonds pour y parvenir.

Voyons les conséquences auxquelles conduirait le système du M. Merlin; après avoir montré que le nôtre seul reproduit la théorie de la loi par des raisonnements non de fait, mais de pur droit, on ne pourra nous accuser de forcer les textes pour certains avantages que notre solution présenterait en pratique. Mais, nous devons signaler les résultats auxquels aboutirait le système contraire. La créance étant changée, il en résulterait que le subrogé perdrait tout droit à la solidarité de la part des débiteurs (puisqu'elle doit être expressément stipulée), à la clause pénale, à la contrainte par corps dans les cas où le créancier aurait eu ce moyen de coercition en vertu de l'art. 4 de la loi du 22 juillet 1867, à l'indivisibilité *solutione*. De même, si la créance était commerciale, il ne pourrait avoir recours, en vertu du mandat ou du prêt, qu'aux tribunaux civils ; résultait-elle d'une lettre de change, il ne pourrait invoquer la défense faite aux juges d'accorder un délai pour le payement (art. 157 C. comm.). Il ne pourrait davantage user du droit d'exécution parée, de revendication (art. 2102, 1° et 4°), de saisie en dehors des formes ordinaires (art. 819 C. pr.), enfin de résolution. Tous ces droits très-importants ne passeraient point au subrogé et, cependant, ils lui seraient souvent de la plus grande utilité ; ce serait bien conséquent avec la théorie de la subrogation qui a précisément pour but d'empêcher le subrogé d'éprouver un préjudice.

Ainsi, nous dirons, avec le législateur, que la subrogation fait passer au subrogé tous les droits et actions du créancier, avec leurs accessoires.

Mais, si le payement avec subrogation fait acquérir au subrogé la créance elle-même, des différences très-considérables séparent la subrogation de la cession de créances :

La cession est une vente, le cédant garantit l'existence de la créance et, si elle n'existait point, le cessionnaire aurait contre lui l'action en garantie ; la subrogation n'est, au regard du créancier, qu'un payement, et, si la créance n'existait point, le subrogé ne pourrait intenter que la *condictio indebiti*.

Si la cession de la créance n'est que partielle : par exemple, la créance est de 10,000 francs et la moitié en est cédée, le cessionnaire est sur la même ligne que le cédant et concourra avec lui sur les biens hypothéqués à la dette ; si ces biens valent 8,000 francs, ils en prendront chacun 4,000. M. Troplong a même prétendu que le cessionnaire passerait avant le cédant et serait

payé intégralement, tandis que ce dernier n'aurait que
3,000 francs; mais c'est une erreur, car le cédant ne
garantit que l'existence de la créance et nullement la
solvabilité du débiteur. Que l'on suppose, au contraire,
qu'un tiers ait payé au créancier 5,000 francs en l'acquit du débiteur et se soit fait subroger, comme, par
rapport au créancier, le payement avec subrogation
n'est qu'un payement extinctif de la créance , les
5,000 francs qu'il a reçus ont éteint à son égard la dette
pour moitié; il en résulte que, pour lui, elle n'est plus
que de 5.000 francs, le reste de la dette ne lui étant
plus opposable : il se fera donc payer intégralement sur
les biens hypothéqués, tandis que le subrogé ne pourra
prendre que les 3,000 francs restants. C'est ce que l'on
exprime en disant : *nemo contra se subrogasse censetur.*
Certains auteurs ont critiqué ce résultat : ils font valoir
que, si le subrogé était admis à concourir avec le subrogeant, celui-ci aurait reçu 9,000 francs, au lieu que
si le subrogé ne lui avait point fait de payement partiel,
il n'aurait eu que 8,000 francs; la subrogation, disent-
ils, loin de lui nuire, lui aurait encore profité. Il y a là
une confusion : il est bien certain que tout créancier
hypothécaire qui reçoit un payement partiel se trouve
dans une meilleure situation, puisqu'en vertu de l'indivisibilité de l'hypothèque , les biens affectés à sa
créance restent hypothéqués *pour le tout* à la partie qui
lui reste due; telle est la situation dans laquelle il serait
s'il n'était point intervenu de subrogation, si le payement était fait par le débiteur ou par un tiers non
subrogé; c'est cette situation qu'il doit conserver;
autrement, la subrogation aurait pour effet de lui faire

perdre 1,000 francs, décision que le législateur n'aurait pu donner sans oublier le caractère extinctif du payement à l'égard du créancier. Mais la loi n'empêche point que le subrogé n'obtienne du subrogeant la renonciation à ce droit d'être payé par préférence à lui; le créancier examinera si son intérêt est de recevoir le payement partiel avec cette dérogation ou de le refuser.

Le cessionnaire d'une créance a le droit de réclamer du débiteur tout ce qui était dû au créancier, quelle que soit la somme qu'il a payée pour acheter la créance ; une créance de 10,000 francs a-t-elle été achetée pour 8,000, c'est 10,000 francs que le débiteur doit payer au cessionnaire. Nous savons au contraire que le subrogé ne peut recourir contre le débiteur que dans la limite de ses déboursés. A la différence du cessionnaire qui spécule, qui fait une opération présentant chance de gain ou de perte, le tiers subrogé a en vue la libération du débiteur. Il dit au créancier : Primus vous doit 10,000 francs, déchargez-le de cette dette moyennant le payement de 8,000 francs que je vais vous faire en son acquit; aussi bien n'obtiendriez-vous point davantage et peut être moins en exerçant contre lui des poursuites. Si le créancier consent, il y a d'abord une remise de dette pour 2,000 francs et un payement avec subrogation pour le reste de la dette : l'effet de la subrogation consiste à faire passer sur la tête du subrogé, avec tous ses accessoires, la créance telle qu'elle est, c'est-à-dire diminuée par la remise ; elle n'est plus que de 8,000 francs, ce n'est donc que pour cette somme que le subrogé pourra actionner le débiteur.

La cession n'est opposable aux tiers que si elle est

notifiée au cédé ou acceptée authentiquement par lui.
Ces formalités ne sont point exigées pour la subrogation qui, en éteignant la créance par rapport au subrogeant lui enlève le droit d'en recevoir le payement et
d'en disposer. Toutefois le subrogé devra avertir le
débiteur, car si ce dernier payait de bonne foi le
créancier, ce payement serait valable et le subrogé
aurait seulement l'action en répétition de l'indu contre
le créancier qui aurait reçu deux fois (art. 1240 et
2031); et, comme cette action serait purement chirographaire, il serait exposé à le trouver insolvable.

La subrogation est conventionnelle ou légale : mais,
qu'elle soit conventionnelle ou légale, la subrogation
est une, quant à sa nature et à ses effets; c'est un
point qu'il faut tenir pour certain, malgré le dissenti-
ment de certains auteurs (notamment MM. Toullier et
Duvergier), qui distinguent la subrogation conventionnelle consentie par le créancier de celle qui s'o-
père par la volonté du débiteur, et de la subrogation
légale, et ne veulent voir dans la première qu'une
véritable cession de créance. Le législateur n'a nulle
part distingué diverses espèces de subrogations ; il
n'a nulle part indiqué des effets propres à telle ou
telle subrogation, mais il dit quels sont les effets de
la subrogation: quel que soit l'événement d'où elle résulte, sa nature et ses effets sont les mêmes ; elle fait
invariablement passer au subrogé les droits de l'ancien créancier. D'ailleurs, si la subrogation consentie
par le créancier n'était qu'une cession, le Code di-
rait-il payement avec subrogation, *payement*, c'est-à-
dire, extinction du droit du créancier? placerait-il

la subrogation au chapitre de l'extinction des obligations ? Comment interpréter, dans ce système,
l'art. 1252 qui décide que le subrogé ne pourra
concourir, en cas de payement partiel, avec le subrogeant alors qu'il est constant que s'il y avait une
cession, le cédant ne passerait nullement avec le
cessionnaire. Ce système repose donc sur une distinction qui, non-seulement n'est point dans la loi,
mais est contraire à la loi ; par conséquent, il ne peut
être adopté. Nous raisonnons dans l'espèce où il n'y
a point de doute sur la détermination de l'acte que
les parties ont voulu faire. Il y aura bien des hypothèses où le doute sera très-sérieux, car la pratique
se sert indifféremment des termes, céder et subroger ; elle les cumule même souvent. Il faudra donc
bien se garder de considérer exclusivement les
expressions employées, et se préoccuper de leur
intention plutôt que de la qualification plus ou moins
exacte qu'elles ont donnée à l'acte. Ce sera une question de fait sur laquelle les circonstances éclaireront
les tribunaux et leur permettront de découvrir quelle
a été la véritable intention des parties. Par exemple,
la créance n'était-elle point encore exigible, il est en
général à présumer que les fonds ont été versés au
créancier dans son intérêt et que l'opération constitue une cession.

CHAPITRE II.

DE LA SUBROGATION CONVENTIONNELLE.

La subrogation conventionnelle a lieu dans deux hypothèses que nous indique l'art. 1250. La première, « lorsque le créancier recevant son payement d'une tierce personne la subroge dans ses droits, actions, priviléges ou hypothèques contre le débiteur. » Elle dépend donc entièrement de la volonté du créancier ; il n'y a plus dans notre droit français des cas où le juge peut ordonner au créancier de subroger un tiers comme cela pouvait avoir lieu en droit romain. La subrogation doit être expresse ; mais, il n'y a point de terme sacramentel, les parties doivent manifester clairement leur intention. L'acte qui la constate n'est soumis à aucune formalité spéciale ; qu'il soit authentique ou sous signature privée, la subrogation est valable. Il n'est pas nécessaire que le créancier déclare subroger dans ses *droits, actions, priviléges* et *hypothèques*, il suffit qu'il emploie l'une de ce expressions, *droits, actions* ou *créance*. La subrogation peut être consentie non-seulement par le créancier lui-même, mais encore par tout mandataire légal ou conventionnel, autorisé à recevoir le payement.

Elle doit avoir lieu en même temps que le payement; postérieurement la créance serait éteinte, le créancier n'aurait plus de droit et ne pourrait plus consentir de subrogation. Le créancier ne peut par une déclaration subséquente de subrogation faire revivre une créance éteinte. Il faudra donc pour établir cette simultanéité du payement et de la subrogation que la quittance constatant le payement fasse mention de la subrogation qui ne serait pas valable si elle n'était relatée que dans un écrit distinct de la quittance. Mais la fraude sera facile, il suffira de déchirer la première quittance et d'en recommencer une autre constatant la subrogation; les tiers pourront par tous modes de preuve établir l'antériorité du payement, car c'est là une fraude à leur égard. Toutefois, il y aura une question de fait à résoudre, car si le versement de fonds antérieur devait, d'après les circonstances, être considéré comme un dépôt provisoire plutôt que comme un payement, la subrogation pourra être déclarée valable.

La seconde espèce de subrogation conventionnelle s'opère sans le concours de la volonté du créancier; le débiteur emprunte une somme, à l'effet de se libérer de sa dette, et de subroger le prêteur dans les droits du créancier. Nous avons cité déjà l'édit de Henri IV de 1509; voici dans quelles circonstances il fut rendu: le taux des rentes était au denier douze, ce prince le mit au denier seize; les débiteurs de rentes avaient donc intérêt à les racheter et à les remplacer par de nouvelles. Mais comme leurs biens étaient affectés au payement des rentes qu'ils devaient, ils trouvaient difficilement à emprunter, ne pouvant plus donner de sûretés ; les créanciers se gardaient bien, de leur côté, de consentir à subroger les bailleurs de fonds dans leurs droits. La déclaration de 1609 portait que les droits hypothèques, noms, raisons et actions du créancier pouvaient être cédés par le débiteur à celui qui lui avait prêté les fonds nécessaires pour éteindre la dette. Antérieurement à cette décision du législateur, cette sorte de subrogation avait été recommandée par les plus éminents jurisconsultes ; mais la pratique ne les suivait point, objectant que le débiteur ne peut céder des droits qui appartiennent à son créancier : *nemo dat quod non habet.* Il s'est trouvé, dit Loyseau, des formalistes qui n'ont pu comprendre que l'action pût passer d'une personne à une autre, sans transport de celui auquel elle réside et appartient. Après Loyseau ce fut Dumoulin lui-même qui vint se heurter à la résistance de la pratique. Ces grands jurisconsultes faisaient très-bien remarquer que le créancier ne pouvait se plaindre puisque la dette étant échue, le débiteur pouvait se libérer, et quant aux tiers primés par le bailleur de fonds subrogé, ils n'éprouvent aucun préjudice, puisque sans la subrogation, la dette n'eût point été payée et que le nouveau créancier ne peut jamais réclamer plus que l'ancien par la subrogation. Cette subrogation est même pour eux un avantage, car il leur importe que leur débiteur puisse gérer ses affaires au mieux de ses intérêts, se libérer des obligations onéreuses en les remplaçant par d'autres qui le sont moins. Mais, il faut que cette subrogation ne puisse devenir une occasion de fraude, un moyen de faire revivre au préjudice des tiers des hypothèques ces priviléges éteints. Aussi, le Code l'a-t-il soumise à une double condition de forme : l'acte d'emprunt et la quittance doivent être notariés; de plus, l'acte d'emprunt doit mentionner que la somme a été empruntée pour faire le payement, la quittance, que le payement a été fait des deniers fournis à cet effet par le bailleur de fonds. Outre le danger des fausses dates qu'on aurait pu éviter en exigeant simplement que l'emprunt et la quittance aient date certaine, la forme notariée donne de sérieuses garanties, parce qu'il est beaucoup plus difficile de trouver soit un prêteur fictif, soit un créancier payé donnant une quittance nouvelle, qui consente à passer l'acte frauduleux devant un officier public. L'article 1250 suppose que le prêt et la quittance sont deux opérations distinctes qui ont été accomplies séparément; mais rien n'empêche, si l'emprunt et le payement s'effectuent en même temps, devant le même notaire, de ne dresser qu'un seul acte, constatant à la fois et l'emprunt et le payement, avec la double mention. Cette façon de procéder exclut plus encore que celle qu'indique la loi, toute intention frauduleuse; de plus, le Code n'a voulu que reproduire la pratique de l'ancien droit, au moins en ce qui touche la rédaction des actes; et, s'il est un point qui n'était point contesté, c'est que l'opération pouvait se faire soit au moyen de deux actes, soit au moyen d'un seul.

La prudence conseille au prêteur de deniers de ne

remettre les fonds prêtés qu'au moment où se fera le payement pour être assuré que le débiteur ne les dissipera point, au lieu de les employer à désintéresser le créancier, et en outre pouvoir constater que la quittance porte la mention voulue pour qu'il soit subrogé, et qu'il le soit seul.

Si le créancier par mauvais vouloir ou par ignorance refuse de recevoir le payement dans ces conditions, ou de signer la quittance, on recourra aux offres réelles suivies de consignation, en ayant soin de déclarer dans les offres l'origine des deniers.

L'article 1250 ne parle que de celui qui a prêté des deniers, mais il faut étendre les termes de la loi et dire qu'il peut subroger quiconque lui a *fourni* des fonds pour désintéresser son créancier ; par exemple, une dot est constituée avec la stipulation que le mari l'emploiera à payer un de ses créanciers hypothécaires avec subrogation au profit de la femme. Il n'y a aucune raison de décider différemment, selon que le débiteur se procure les fonds en vertu d'un prêt ou de tout autre contrat ; si la loi a dit *emprunt*, c'est que c'est le plus ordinairement par cette voie que le débiteur obtient les fonds : cette solution est d'autant plus certaine qu'elle était donnée dans l'ancien droit où elle ne faisait aucune difficulté (Renusson, ch. 12, 42). Décider le contraire, serait se mettre en contradiction avec l'esprit de la loi qui veut faciliter au débiteur les moyens de se libérer.

Les deux conditions mentionnées par l'art. 1250, 2° sont les seules qui soient requises pour la validité de la subrogation. Ainsi, il n'est nullement nécessaire qu'une déclaration expresse de subrogation intervienne, soit dans l'acte d'emprunt, soit dans la quittance ; le législateur a considéré avec raison que l'accomplissement des formalités prescrites (double constatation dans l'acte d'emprunt et la quittance) indiquait formellement l'intention d'opérer la subrogation.

Avons-nous besoin de dire que les actes authentiques sont exigés non-seulement *ad probationem*, mais pour la validité même de la subrogation. Le législateur a considéré que la présence de l'officier public offrirait des garanties particulières et rendrait la fraude sinon impossible, au moins plus rare et plus difficile. Quand même il y aurait commencement de preuve par écrit ou que l'intérêt engagé ne dépasserait point 150 francs, la preuve testimoniale ne pourrait être admise.

Ajoutons que la subrogation par la volonté du débiteur s'étend même aux hypothèques grevant des immeubles aux mains des tiers détenteurs. Ce n'est plus, en effet, une nouvelle hypothèque que consent le débiteur et qui ne pourrait se concevoir si le bien n'était plus dans son patrimoine ; c'est le droit du créancier qui est transmis au subrogé aussi plein, aussi étendu que l'avait le créancier, avec les sûretés qui le garantissaient. Nous savons, d'ailleurs, qu'il n'y a qu'une subrogation dont les effets sont toujours les mêmes.

CHAPITRE III.

DE LA SUBROGATION LÉGALE.

Le législateur a accordé la subrogation de plein droit
à certaines personnes qui avaient intérêt à acquitter la
dette ; il a pensé qu'il était tellement juste qu'elles
fussent subrogées, qu'il a considéré la subrogation
comme opérée à leur profit, sans qu'il intervint de
convention spéciale. Mais tous ceux qui sont intéressés
à l'extinction de la dette n'ont point la subrogation
légale, car elle est de droit étroit et ne peut s'étendre
hors des cas spécialement indiqués.

SECTION PREMIÈRE.

« La subrogation a lieu de plein droit au profit de
celui qui, étant lui-même créancier, paye un autre
créancier qui lui est préférable à raison de ses priviléges ou hypothèques. »

Il suffit, pour obtenir la subrogation légale, de payer

un créancier préférable ; que l'on soit créancier hypothécaire ou chirographaire, il n'importe ; tout créancier peut saisir et faire vendre les biens du débiteur, et la subrogation a pour but de permettre au créancier primé d'empêcher l'aliénation inopportune du gage commun en désintéressant le créancier antérieur ; l'art. 2093 déclare, d'ailleurs, sans faire de distinction, que les biens du débiteur sont le gage de tous ses créanciers. La subrogation légale appartient de même au créancier privilégié qui paye un créancier préférable. Mais, quel que soit l'intérêt que puisse avoir un créancier antérieur à désintéresser un créancier postérieur, il ne lui sera point légalement subrogé. Renusson lui accordait la subrogation ; mais aujourd'hui, en présence des termes de la loi, il faut décider qu'il ne peut être subrogé que conventionnellement.

L'art. 1251 exclut les autres causes de préférence que les priviléges et hypothèques; cependant, certains auteurs ont voulu placer sur la même ligne l'antichrèse. Mais, si les fruits appartiennent à l'antichrésiste, c'est par suite d'un abandon fait par le débiteur ; ils doivent s'imputer sur le montant de la dette, il y a là une sorte de dation en payement et il ne faut point confondre ce droit de percevoir les fruits avec un véritable privilége sur le fonds.

Le créancier qui a deux créances hypothécaires inscrites à des époques différentes peut-il être contraint de recevoir le payement offert par un créancier intermédiaire, lorsqu'au lieu de porter sur ces deux créances, l'offre n'a trait qu'à la première? Plusieurs auteurs, alléguant que ce serait, dans le système contraire, obliger le créancier intermédiaire à faire des **avances** trop considérables, se prononcent pour l'affirmative. Mais le premier créancier pourrait, étant alors primé par l'autre, se faire subroger à son tour à la créance ; il lui suffirait de faire exactement les mêmes offres qu'il aurait reçues. On arriverait ainsi à un circuit sans issue. En effet, on ne peut en sortir en proposant de laisser la solution du conflit à l'appréciation du juge, car il n'y a plus, dans notre droit actuel, de subrogation judiciaire. Aussi, la négative nous parait-elle préférable. Nous ne parlons bien entendu que du cas où la créance du premier créancier hypothécaire serait acquittée par le second en tant que créancier hypothécaire ; il en serait différemment si ce dernier, étant obligé à la dette, la paye en cette qualité ; le premier créancier ne peut alors refuser les offres qui lui sont faites par le second, puisqu'elles ne sont que l'exécution de l'obligation dont ce dernier était tenu envers lui.

Pour que le créancier qui paye un autre créancier préférable à raison de ses priviléges ou hypothèques, soit subrogé, faut-il qu'il ait un intérêt légitime à désintéresser le premier ? Dans son Traité si remarquable des Subrogations personnelles, tout en reconnaissant que la question peut être sérieusement controversée, M. Mourlon, se fondant sur ce que la loi a accordé la subrogation de plein droit précisément parce qu'elle présume cet intérêt chez celui qui paye, décide qu'il ne pourra forcer le premier créancier à recevoir le payement, s'il n'a pas d'intérêt légitime à le désintéresser, car ici la présomption de la loi n'est pas absolue *juris et de jure*, mais *juris tantum*. Nous ne pouvons adopter ce système : d'abord, il n'y a pas ici de présomption proprement dite, mais une disposition formelle de la loi; pour avoir droit à la subrogation, le législateur n'exige que deux choses : être créancier et payer un créancier préférable. Que de procès d'ailleurs n'entrainerait pas le système contraire. Nous ne pouvons distinguer là où le législateur ne l'a point fait; par cela seul que le payement est offert à un créancier préférable par un créancier, la loi a considéré l'intérêt de celui-ci légitime, digne de protection, et lui a expressément accordé la subrogation.

SECTION II.

« La subrogation a lieu de plein droit au profit de l'acquéreur d'un immeuble qui emploie le prix de son acquisition au payement des créanciers, auxquels cet héritage était hypothéqué. »

En droit romain l'acquéreur qui versait son prix entre les mains des créanciers munis d'hypothèques, succédait à leur rang hypothécaire sur l'immeuble acquis. Était-ce de plein droit? La plupart de nos anciens auteurs notamment Cujas et Renusson, l'admettaient; Pothier avait une doctrine différente. Dans notre droit actuel toute controverse a cessé, la subrogation est accordée par la loi. Comment l'acquéreur peut il obtenir par la subrogation une hypothèque sur son propre fonds? Comment, d'autre part, peut-il être subrogé lorsqu'il ne fait que payer son dû, puisque la subrogation suppose un recours à exercer ; et, il n'y en a aucun ici. Si l'acquéreur restait propriétaire incommutable de l'immeuble, ces objections seraient fondées et il ne pourrait alors être question ni de subrogation ni de recours. Mais, s'il est évincé, plus particulièrement, si les créanciers hypothécaires non payés viennent poursuivre l'immeuble (on suppose qu'il n'a point usé de la purge) il pourra au moyen de la subrogation recouvrer son prix. Il viendra, comme subrogé aux droits des créanciers qu'il a désintéressés, reprendre ce qu'il a déboursé, dans l'ordre de distribution de prix.

La quittance constatant le payement peut être faite par un simple acte sous seing privé ; mais il est prudent de lui donner date certaine, pour pouvoir l'opposer aux tiers. Ainsi, l'acquéreur ne pourrait invoquer le bénéfice de subrogation si l'acte n'avait acquis date certaine que postérieurement à la radiation de l'inscription consentie par le créancier. (Cass. 14 juillet 1813.)

Si l'acquéreur, après avoir payé une partie de son prix aux créanciers hypothécaires premiers inscrits, et fait des notifications à fin de purge pour le reste, revend volontairement son immeuble et que le prix de revente soit inférieur au prix d'achat, peut-il comme subrogé passer avant les créanciers hypothécaires non payés ? Un immeuble est hypothéqué à deux créanciers, à chacun pour 25,000 francs ; Primus l'achète 40,000 francs ; il paye au premier créancier 25,000 fr., puis recourant à la purge, il offre 15,000 francs au second qui ne déclare pas surenchérir. Il revend cet immeuble 25,000 francs à un tiers qui offre son prix et purge à son tour. Primus (ou ses créanciers), sous le prétexte qu'il est subrogé aux droits du premier créancier veut prendre ces 25,000 francs, le peut-il ? Non ; car la subrogation suppose essentiellement, pour effacer rétroactivement les effets de la confusion, que l'acquéreur vient à être évincé ; et, alors, dans son intérêt, on regarde l'hypothèque des créanciers payés comme n'ayant jamais été éteinte. Mais dans le cas actuel, loin d'y avoir éviction, l'acquéreur était bien propriétaire définitif incommutable, et c'est précisément parce qu'il l'était, qu'il a pu revendre (art. 1599). On ne peut donc point ici effacer les effets de la confusion qui éteint l'hypothèque, lorsque les qualités de propriétaire et de créancier hypothécaire reposent sur la même tête. Le second créancier hypothécaire prendra donc 15,000 francs et Primus 10,000. La question présente un grand intérêt en cas de faillite de Primus, car le second créancier au lieu d'avoir droit à 15,000 francs n'obtiendrait qu'un dividende.

L'acquéreur peut-il en empruntant des fonds pour payer les créanciers hypothécaires, subroger son prêteur aux droits de ces créanciers ? Bien que la question soit fortement controversée, nous tenons l'affirmative pour certaine. En effet, dès qu'il est constaté par l'acte d'emprunt que la somme était destinée à désintéresser les créanciers et par la quittance que le payement a été fait des deniers empruntés, on se trouve dans les conditions prévues par l'art. 1250 ; et par conséquent la subrogation a lieu. Diverses objections ont été faites : si un ordre est ouvert sur le bien ce prêteur va passer avant le vendeur et ce sera la violation de la règle *nemo contra se subrogasse censetur ;* mais il y a là une confusion, car cette règle ne pourrait s'appliquer que s'il y avait eu subrogation aux droits du vendeur ; et, dans l'espèce nous supposons qu'elle a eu lieu aux droits des créanciers qui primaient le vendeur. — Il est vrai, a-t-on dit, qu'il n'y a point à faire intervenir la maxime *nemo contra se....* si la subrogation a pu se faire aux droits des créanciers ; mais cette subrogation est impossible lorsque l'acquéreur paye soit de ses deniers soit avec des fonds empruntés un créancier hypothécaire de son vendeur, il devient créancier de ce dernier, et comme il est débiteur envers lui de pareille somme. il s'opère de plein droit une compensation qui éteint les deux dettes *ipso jure,* d'où la conséquence que l'acquéreur ne peut subroger son prêteur à une créance éteinte. La réponse est simple : d'abord la subrogation serait possible si l'acquéreur avait obtenu un terme, si court qu'il fût. pour le payement de son prix, car alors la dette envers son vendeur n'étant point exigible, la compensation n'aurait point lieu ; on ferait ainsi dépendre la validité de la subrogation de cette circonstance que le vendeur a ou non accordé un délai, si restreint qu'il fût, pour le payement, ce qui serait bien singulier. Mais, il y a plus, la loi elle-même décide que, lorsque l'acquéreur paye son créancier hypothécaire, il est subrogé ; et cependant la même objection tirée de la compensation peut se faire dans ce cas et avec une force plus grande encore, et la loi n'en tient aucun compte, la subrogation a lieu ; inutile, par conséquent, de nous arrêter davantage à cette objection, puisqu'elle est jugée par la loi même. Enfin, le créancier pourrait subroger dans ses droits le tiers qui le payerait, car une vente à laquelle il est étranger n'a pas pu lui enlever le droit qu'il avait de subroger celui qui le désintéresserait ; si la subrogation peut avoir lieu par la volonté du créancier, elle peut avoir lieu également par celle du débiteur.

SECTION III.

« La subrogation a lieu de plein droit au profit de celui qui étant tenu avec d'autres ou pour d'autres en payement de la dette, avait intérêt de l'acquitter. »

La subrogation légale établie au profit de ceux qui sont tenus avec d'autres ou pour d'autres est la plus importante, la plus générale ; et, à vrai dire, la subrogation au profit de l'acquéreur d'un immeuble n'en est qu'une application spéciale. En effet, tout tiers détenteur est tenu pour un autre, il est obligé hypothécairement : l'obligation *propter rem* n'est pas moins étroite que l'obligation personnelle ; il est tenu de délaisser ou de payer (art. 2167) ; payer est donc pour lui le seul moyen de conserver l'immeuble ; et, il a intérêt à faire ce payement. Ainsi les deux conditions exigées, être tenu pour un autre, et avoir intérêt à acquitter la dette se trouvent réunies chez le tiers détenteur ; nous en concluons que l'acquéreur à titre gratuit, l'acquéreur à titre onéreux qui paye au delà de son prix, celui qui reçoit un immeuble par dation en payement, le coéchangiste qui paie les créanciers hypothécaires sont légalement subrogés.

La loi subroge de plein droit tous ceux qui sont obligés à une dette intéressant une autre personne, contre laquelle il y aura un recours à exercer. Dans notre ancien droit, Dumoulin avait soutenu que le codébiteur solidaire, la caution et généralement tous ceux qui payaient ce qu'ils devaient avec d'autres ou pour d'autres, étaient, en payant, subrogés de plein droit. On devait présumer, disait-il, qu'ils n'avaient payé qu'à la condition d'être subrogés, personne ne pouvant être présumé négliger ses droits et y renoncer. (Première leçon faite à Dôle.) L'opinion de Dumoulin ne prévalut point; cependant, d'après ce que rapporte Poullain-Duparc (C. VII, 235), elle était suivie en Bretagne. C'est la doctrine que notre Code a consacrée.

Au premier rang de ceux qui sont tenus avec ou pour d'autres figure le débiteur solidaire. Le payement de la dette entière, ou d'une portion qui dépasse celle qu'il doit supporter définitivement, emporte pour le débiteur solidaire subrogation de plein droit, qu'il ait payé volontairement ou sur la poursuite du créancier. Mais son recours contre ses codébiteurs devra se fractionner, il ne pourra réclamer à chacun d'eux toute la dette déduction faite de sa part; on en donnait pour raison, dans notre ancien droit, qu'autrement il y aurait lieu à un circuit d'actions, parce qu'étant tenu de céder son action, il subrogerait contre lui-même; c'est ce que disent formellement Renusson et Pothier. Mais le circuit n'existait que dans leur pensée, car en payant la dette le codébiteur a éteint irrévocablement sa part virile ; il ne cède donc son action que sa part déduite et comme il ne poursuit les autres, que déduction faite de sa part dans la dette et les insolvabilités, il a acquitté toutes ses obligations et par suite il ne pourrait être poursuivi. Cependant bien que l'argument de Pothier et Renusson soit vicieux, il faut encore donner sous l'empire du Code leur solution qui a été consacrée par l'art. 1214, qui déclare d'une manière absolue que « le codébiteur d'une dette solidaire qui l'a payée en entier ne peut répéter contre les autres que les parts et portions de chacun d'eux ». Mais, si l'affaire pour laquelle la dette a été contractée solidairement ne concernait que l'un des coobligés (art. 1216), celui qui a payé pourra exercer son recours contre lui pour le tout.

Malgré la nécessité de diviser son recours contre ses codébiteurs, la subrogation pourra encore lui servir : Primus a payé la dette et le créancier avait des hypothèques sur les biens des deux autres codébiteurs, Primus pourra les exercer, jusqu'à la quotité de son recours sur chacun d'eux. Sans la subrogation, il n'eût pu agir contre eux que par l'action personnelle de mandat et n'aurait peut-être rien obtenu, par suite de leur insolvabilité. Il peut se faire, à l'inverse, que son action de mandat lui soit plus avantageuse que l'action du créancier ; en vertu de la subrogation, il ne peut réclamer que ce qu'il a payé au créancier, tandis que par son action personnelle, il pourra réclamer les intérêts de ce qu'il a payé et les intérêts des intérêts, car, à son égard, ils forment un capital ; de p'us, ils courent de plein droit à partir du payement (art. 2001).

La subrogation appartient de plein droit à la caution qui a payé la dette. L'art. 2033 fractionne son recours contre ses cofidéjusseurs, comme l'est celui des colébiteurs solidaires. Peu importe la date de l'engagement de chaque caution, peu importe qu'elles se soient engagées ensemble ou par actes séparés, l'art. 2033 ne fait aucune distinction. Si une obligation solidaire garantie par une caution qui s'est obligée pour tous les débiteurs solidaires, est acquittée par elle, comme elle est subrogée dans les droits du créancier, que celui-ci pourrait réclamer le tout à chacun, elle pourra exercer contre chacun des débiteurs son recours pour le tout (art. 2030).

Mais si elle n'avait cautionné que quelques-uns des codébiteurs et non les autres, pourrait-elle réclamer le total contre *chacun des débiteurs*, qu'elle les ait ou non cautionnés ? Cette question a soulevé une vive discussion. Si l'art. 2030 n'existait point, la solution serait facile : la subrogation faisant passer au subrogé tous les droits du créancier, comme en vertu de la solidarité ce dernier pouvait réclamer le tout à l'un quelconque des débiteurs solidaires, il en serait de même de la caution. Aussi bien, en payant, a-t-elle libéré chacun des débiteurs solidaires qui pouvait être contraint de payer le tout ; par conséquent, il est naturel qu'elle puisse, comme le créancier, actionner pour le tout chacun d'eux. Objecterait-on que les débiteurs qu'elle n'a point cautionnés verraient leur situation aggravée par le fait d'une personne qui leur serait totalement étrangère ; mais en quoi? Leur situation est la même qu'avant le payement fait par la caution. Si on suppose une dette solidaire contractée par Primus, Secundus, Tertius, il arrive qu'un tiers apprenant que le créancier veut rentrer dans ses fonds et se dispose à exercer des poursuites, vient payer le créancier qui le subroge dans ses droits, n'est-il point hors de doute qu'il pourra agir pour le tout, soit contre Secundus, soit contre Tertius, comme le pouvait le créancier, quand bien même il ne serait intervenu que dans l'intérêt de Primus ; la caution qui a cautionné Primus seul et qui paye se trouve dans la même situation : elle est subrogée légalement ; c'est comme si la subrogation conventionnelle qu'elle avait droit de réquérir, dans notre ancien droit, était intervenue. La subrogation conventionnelle ou légale ayant les mêmes effets, il n'y a point de raison de faire une différence entre elle et le tiers qui a payé et s'est fait subroger. Mais, il y a, avons-nous dit, l'art. 2030 ainsi conçu : « Lorsqu'il y avait plusieurs débiteurs principaux solidaires d'une même dette, la caution qui les a tous cautionnés a contre chacun d'eux le recours pour la répétition du total de ce qu'elle a payé ; » d'où on tire cette conséquence *a contrario* que si la caution ne s'est engagée que pour quelques-uns, elle n'a plus contre les autres de recours solidaire. Bien que cette solution soit adoptée par d'éminents auteurs, nous ferons remarquer qu'il nous semble résulter des travaux préparatoires et notamment de l'exposé des motifs de M. Treilhard, que l'art. 2030 n'a nullement la portée qu'on veut lui donner : on n'a voulu que tirer la conséquence du principe posé dans l'art. 2029, qui subroge la caution aux droits du créancier, et en faire l'application à la dette solidaire, pour bien indiquer que la subrogation s'opère au droit qu'avait le créancier dans toute sa plénitude ; la raison de cet article est « *que chaque débiteur était tenu de la totalité* » (Exposé des motifs, 17). S'appuie-t-on sur la circonstance que la caution aurait cautionné *tous* les débiteurs ? Nullement. Mais, cette conséquence, dira-t-on, il était inutile de la mettre dans la loi. Cela peut-être ; toutefois, nous ne voudrions point affirmer que si cette disposition formelle n'existait, il n'aurait point été soulevé des controverses sur les diverses applications de l'art. 2029 à la solidarité. Prenons une espèce : trois frères, par exemple. demandent à Paul de leur prêter une somme de mille francs, s'offrant à s'engager solidairement ; Paul exige, en outre, pour consentir le prêt, que Jean les cautionne ; effectivement, celui-ci se porte caution de la dette. Supposons que la somme prêtée ne l'était que dans l'intérêt de l'un des trois frères, Primus, et n'a profité qu'à lui, et, qu'à l'échéance, c'est Jean qui a dû payer la dette. Certainement il aura recours contre Primus pour le tout ; en eût-il été de même contre les autres coobligés ? On l'eût contesté, en raisonnant de la sorte : l'affaire pour laquelle la dette a été contractée solidairement ne concernant que Primus, les autres obligés ne sont, par rapport à lui, que des cautions (art. 1216) ; Jean étant également caution, ce sont des cofidéjusseurs ; et, en vertu de l'art. 2033, le recours devra se diviser entre eux. Pour nous, nous n'aurions point cru devoir ad-

mettre cette assimilation entre des codébiteurs solidaires, obligés pour le tout et principalement, et une
personne qui n'est tenue qu'accessoirement et à défaut
de payement de leur part ; mais, des auteurs se seraient
appuyés sur cet argument pour décider que, dans les
cas analogues, la caution n'aurait point recours *in
solidum*. Au reste, quand même l'art. 2030, comme
tant d'autres, dans le Code, comme l'art. 2029 qui le
précède, serait superflu, est-ce une raison pour lui
donner une étendue, une portée bien plus considérables par ce qu'il ne dit pas que par ce qu'il dit, surtout
que le législateur a parlé de l'espèce la plus ordinaire,
a statué sur le *plerumque fit ;* pour décider qu'il a voulu
par là exclure tous les autres cas, il faudrait qu'une
telle intention se révélât bien manifestement ; à défaut,
on ne peut admettre par un simple argument *a contrario* une dérogation aussi grave aux principes de la
subrogation. Et qu'on ne fasse point intervenir les
droits qu'aurait ou n'aurait point eus le débiteur cautionné (qui aurait payé la dette) contre ses codébiteurs,
car ce ne sont point ces droits que la subrogation fait
acquérir au subrogé, mais ceux du créancier ; *chaque
débiteur était tenu de la totalité* envers le créancier, la
caution subrogée dans ses droits peut, comme lui, demander le tout à chacun d'eux.

Le certificateur de caution qui paye la dette est
également subrogé contre la caution et le débiteur.
Il est tenu pour d'autres et avait intérêt à acquitter la
dette.

Le *mandator pecuniæ credendæ* est aussi subrogé de
plein droit, car il est tenu comme garant du prêt qui

a été fait sur son ordre, sur son mandat. Mais cette garantie doit résulter de l'intention des parties : un simple conseil, une simple recommandation ne l'entraîneraient point.

Nous avons déjà dit que le tiers détenteur était compris dans l'art. 1251, 3° ; il est en effet tenu pour un autre et il a intérêt à acquitter la dette. L'usufruitier est un tiers détenteur dans le sens légal du mot : l'art 2118 déclare l'usufruit susceptible d'être hypothéqué, et d'être vendu par voie d'expropriation. Les effets de la subrogation ne sont plus, comme dans l'ancien droit, limités à l'immeuble que possède le tiers détenteur, mais s'étendent à tous les biens hypothéqués à la même dette. Mais, si ces biens sont entre les mains d'autres tiers détenteurs, c'est-à-dire de personnes méritant même degré de faveur, quels vont être les effets de la subrogation ? Primus, Secundus et Tertius sont détenteurs d'immeubles hypothéqués à la même dette et aucun d'eux n'est plus débiteur de son prix ; le créancier s'adresse à Primus qui paye la dette entière, le vendeur étant insolvable, dans quelle mesure Primus peut-il répéter ce qu'il a payé contre les autres détenteurs ? L'équité serait ouvertement blessée, s'il était permis à celui qui a payé de faire supporter aux autres toute l'insolvabilité du débiteur ; il serait singulier que ce serait le créancier qui, à son gré, fît retomber sur l'un ou sur l'autre tout le poids de la dette, qu'il pût affranchir celui qu'il voudrait de toute contribution à la perte, tandis qu'un autre la supporterait toute entière. L'esprit général du Code est contraire à cette anomalie : les art. 1214,

2033 établissent une répartition entre les codébiteurs solidaires et entre les cofidéjusseurs, l'art. 875 l'établit entre cohéritiers. Or, ce dernier cas offre assez d'analogie avec l'espèce qui nous occupe : le cohéritier qui, par l'effet de l'hypothèque, a payé au delà de sa part dans la dette commune, n'a de recours contre les autres cohéritiers que pour la portion que chacun d'eux doit personnellement en supporter. même dans le cas où il serait subrogé aux droits du créancier. Le cohéritier poursuivi hypothécairement, au delà de sa part est un véritable tiers détenteur, on est donc fondé à dire que le recours du tiers détenteur contre les autres se fractionne également. Pothier disait que la perte doit se répartir au prorota de ce que chacun possède des immeubles hypothéqués; autrement, celui que poursuivrait le subrogé pourrait à son tour. après l'avoir payé, recourir contre lui par l'action hypothécaire du créancier; on tomberait, disait-il, dans un circuit d'actions. Cette crainte du circuit d'actions était bien dans l'esprit des rédacteurs du Code ; c'est elle qui a été invoquée par M. Bigot-Préameneu pour fractionner la dette entre les codébiteurs solidaires ; il a été d'ailleurs déclaré à plusieurs reprises que l'on s'en référait à Pothier. Il y a d'autant moins de raison pour abandonner son système que l'on aboutirait à une flagrante injustice. Cette opinion est presque unanimement admise.

Reste à examiner comment devra se faire la répartition. Elle doit être proportionnelle à l'intérêt qu'avait chacun des détenteurs à l'extinction de la dette. L'immeuble de Primus vaut 20,000 fr., celui de Secundus

30,000, et celui de Tertius 40,000 francs, et la dette
est de 40,000 francs; il est clair qu'on ne pourrait
faire supporter à chacun une part égale dans la perte,
puisque l'acquittement de la dette procure à Tertius un
avantage beaucoup plus considérable qu'à Secundus et
à Primus. Nous comparerons donc la valeur des immeubles et nous déciderons que Primus supportera
dans la dette 2/9, Secundus 3/9, et Tertius 4/9mes. Si
l'immeuble de Tertius valait plus de 40,000 francs, il
ne serait cependant compté que pour cette somme;
quelle qu'en fût la valeur, il pouvait toujours le dé-
gager en payant la dette, il ne retire donc du payement qu'un avantage de 40,000 francs.

Le codébiteur d'une chose indivisible *solutione tantum*, en étant tenu pour le total est subrogé lorsqu'il
paye la dette, car il était tenu avec d'autres et avait
intérêt à acquitter la dette. Mais l'indivisibilité n'existant que vis-à-vis des créanciers, il y a entre les débiteurs division de la dette et le recours de celui qui a
payé devra se fractionner en conséquence.

La divisibilité de la dette entre cohéritiers s'opérant
de plein droit, entraîne cette conséquence que le cohéritier qui a payé en totalité une créance chirographaire n'est point subrogé de plein droit, puisqu'il
n'était tenu que de sa part, et ne l'était nullement du surplus avec d'autres ou pour d'autres. Mais dans les cas
où celui qui a payé au delà de ce qu'il devait pouvait
être forcé à faire ce payement, il jouira de la subrogation légale. C'est ce qui aura lieu, lorsqu'il aura payé
une dette de corps certain, une dette indivisible *solutione tantum*, une dette du payement de laquelle il

avait été seul chargé par le contrat, lorsque, par l'effet de l'hypothèque il aura payé au delà de sa part contributoire dans la dette. Mais, l'héritier qui agit contre ses cohéritiers, même en vertu de la subrogation ne peut recourir contre eux que pour la part dont chacun est tenu personnellement, sauf, si l'un d'eux est insolvable, la répartition de sa part entre les héritiers solvables. Telle est la règle que consacrent formellement les articles 875 et 876, pour le cas, où par l'effet de l'hypothèque, l'un des héritiers a payé au delà de sa part et qu'on doit appliquer à tous les cas analogues. Les termes de l'art. 875, *quand même il se serait fait subroger aux droits du créancier*, sont ambigus ; ils sembleraient indiquer que la subrogation n'appartient point de plein droit au cohéritier, puisqu'on prévoit l'hypothèse d'une subrogation conventionnelle. Tel n'est pas le sens de l'art. 875 ; il a été emprunté mot pour mot à Pothier qui voulait dire que l'action de l'héritier contre ses cohéritiers était fractionnée, quand même il aurait requis la subrogation (qui alors n'existait point *ipso jure*) et agirait par l'action du créancier. Aujourd'hui que la subrogation appartient de droit à l'héritier, il n'est plus besoin d'aucune réquisition pour l'obtenir ; l'art. 875 n'est que la reproduction maladroite de l'ancien système abandonné. Cet article doit donc être lu : quand même l'héritier agirait par l'action du créancier à laquelle il est subrogé.

Nous savons que le légataire particulier qui a acquitté la dette dont l'immeuble légué était grevé, est subrogé aux droits du créancier ; mais, s'il est en même temps héritier, c'est-à-dire, que l'un des successibles a reçu un legs d'un immeuble par préciput et a remboursé la dette dont était grevé cet immeuble, il devra encore fractionner son recours conformément à l'art. 875. Il ne peut séparer sa qualité de légataire de sa qualité d'héritier, et s'il voulait agir pour le tout, seulement sous la déduction de sa part, il serait repoussé comme garant de l'éviction.

Telles sont les principales applications du principe posé dans l'article 1251, 3°; notre intention n'est point de donner une énumération limitative de toutes les personnes qui pourront invoquer cette disposition : quiconque étant tenu personnellement ou réellement de la dette avait intérêt de la payer et l'a effectivement acquittée est subrogé de plein droit.

Nous ne pouvons passer sous silence la subrogation légale que les art. 159 et 187 du Code de commerce accordent à celui qui paye par intervention une lettre de change ou un billet à ordre. Cette subrogation est particulièrement remarquable en ce que celui qui est subrogé légalement n'était nullement *tenu* du payement de la dette et en second lieu n'avait aucun *intérêt* pécuniaire à faire ce payement. C'est pour donner plus de facilités et plus de garantie à la circulation des effets de commerce, qu'on a voulu encourager les tiers étrangers à la dette à la payer et qu'on leur accorde dans ce but la subrogation. Elle a été introduite par l'ordonnance de 1673, en faveur du commerce, par dérogation aux principes généraux.

Le payeur par intervention succède aux droits et aux devoirs du porteur; il devra donc remplir les mêmes formalités qui incombaient à celui-ci. Il a, en principe tous les droits du porteur ; mais, lorsqu'il déclare payer pour l'un des signataires, il ne peut recourir contre ceux qui pourraient repousser ce signataire par l'exception de garantie ; il n'a que les droits qu'aurait ce signataire s'il avait payé. Il en résulte que, s'il intervient pour le tireur, tous les endosseurs sont libérés ; s'il intervient pour l'un des endosseurs, les endosseurs subséquent sont libérés.

Le payement par intervention peut être fait par l'un des signataires ou par le tiré, pourvu qu'il n'ait point accepté ; car s'il avait accepté, il se serait constitué débiteur personnel et principal du porteur, et ce serait en cette qualité qu'il ferait le payement et non en celle de tiers intervenant.

Lorsque le payement est fait par l'un des coobligés, est-il nécessaire qu'il y ait eu protêt préalable ? La négative a été soutenue, mais nous n'admettons point cette distinction : étranger ou non à la dette, un intervenant ne peut payer qu'autant qu'il y a eu refus de payement de la part du tiré, et que ce refus a été dûment constaté par un protêt. Ce n'est, d'ailleurs, qu'après le protêt que se présentent les inconvénients du refus de payement auxquels a pour but d'obvier le payement par intervention.

Le payeur par intervention peut transmettre la lettre de change par endossement. Certains auteurs décident le contraire, parce que, d'après eux, à dater de l'échéance, la lettre de change ne serait plus susceptible de la clause à ordre. D'autres jurisconsultes, sans aller aussi loin, décident également que si le payeur par intervention est subrogé aux droits du porteur, il n'en résulte pas qu'il ait le droit de transmettre la lettre de change par voie d'endossement, comme l'aurait pu faire le porteur. Mais la subrogation faisant passer au subrogé tous les droits du porteur et dans toute leur étendue, il a le droit qu'avait le porteur d'endosser la lettre de change.

La subrogation légale est de droit étroit, on ne peut l'accorder en l'absence d'un texte formel qui l'autorise. On est donc contraint de la refuser à certaines personnes, dignes cependant de la plus grande faveur, comme celles, par exemple, qui payent les frais de dernière maladie, les frais funéraires, les droits de succession et autres dettes de même nature. Quelque favorable, quelque méritoire que soit le payement, elles n'ont pas la subrogation de plein droit; elles devront recourir, si elles veulent jouir des garanties attachées à la dette qu'elles payent, à la subrogation conventionnelle.

SECTION IV.

« La subrogation a lieu de plein droit au profit de l'héritier bénéficiaire qui a payé de ses deniers les dettes de la succession. »

L'héritier qui accepte sous bénéfice d'inventaire ne confond pas ses biens avec ceux de la succession : il conserve contre elle le droit de réclamer le payement de ses créances et n'est tenu des dettes de l'hérédité que jusqu'à concurrence de la valeur des biens qu'il a recueillis. En éteignant, de ses deniers, une dette de la succession, ce n'est donc point sa propre dette qu'il acquitte ; et, il a un recours contre la succession qui en est débitrice. En faisant ce payement, qu'il n'était pas obligé de faire, outre qu'il prévient des procédures fâcheuses pour la mémoire du défunt, il empêche la vente des biens en temps importun ; en diminuant le nombre des intéressés, il simplifie la liquidation et évite les frais qui seraient résultés de la multiplicité des créanciers. Il est donc de toute justice qu'il ait droit, pour assurer le remboursement de ce qu'il a déboursé, à la subrogation légale ; aussi, lui était-elle déjà accordée par l'ancienne jurisprudence (Renusson, ch. 7. n° 76.)

La subrogation lui donne le droit de recourir pour le tout contre tout cohéritier détenteur d'immeubles hypothéqués à la même dette, sans être obligé de diviser son action comme l'héritier pur et simple. La raison de cette différence vient de ce que l'héritier bénéficiaire ne confondant point son patrimoine avec celui de la succession a conservé, à cause de la non-confusion, le droit de réclamer, *comme tout autre créancier*, le payement de la créance à laquelle il est subrogé. Ce recours pour le tout ne fait point difficulté lorsque l'héritier bénéficiaire n'a entre les mains aucune partie de l'actif de la succession ; mais il n'en serait plus ainsi, si, par suite du partage il avait reçu sa part. Supposons quatre héritiers, dont l'un bénéficiaire ; par suite du partage, ils ont entre les mains des biens du défunt, chacun pour une valeur de 2,000 fr. ;

l'héritier bénéficiaire paye une dette de 10,000 francs et voudrait poursuivre pour le tout l'un de ses cohéritiers, détenteur d'un immeuble hypothéqué à la même dette. Il est évident qu'il ne le pourrait point; en effet, l'acceptation bénéficiaire n'empêche point la division des dettes entre tous les héritiers, seulement elle restreint l'obligation aux dettes, pour l'héritier qui a usé du bénéfice d'inventaire, à la limite de son émolument. Il en résulte que, dès l'instant où la créance est passée sur sa tête, par suite de la subrogation, il s'est opéré une confusion jusqu'à concurrence de 2,000 francs et que la créance a été par là réduite à 8,000 francs. Ce sera cette somme qu'il pourra réclamer hypothécairement à son cohéritier. S'il usait de la faculté que lui donne l'art. 802, « de pouvoir se décharger du payement des dettes de la succession en abandonnant les biens aux créanciers et aux légataires », rien ne s'opposerait à ce qu'il poursuivît pour le tout son cohéritier, détenteur d'immeubles hypothéqués à la dette.

La plupart de nos anciens auteurs étendaient au curateur à la succession vacante le bénéfice de la subrogation légale accordé à l'héritier bénéficiaire. Le silence du Code à son égard s'oppose à ce que l'on donne la même décision aujourd'hui. Le curateur n'est qu'un administrateur pour le compte d'autrui ; c'est un tiers ; et, les principes de notre droit n'accordent point aux tiers, qui payent la dette d'un autre, la subrogation de plein droit ; ils ne peuvent que se faire subroger conventionnellement.

CHAPITRE IV.

EFFETS DU PAYEMENT AVEC SUBROGATION.

Nous avons déjà parlé des principaux effets du paye·
ment avec subrogation ; nous savons qu'il fait passer
au subrogé, les droits, actions, priviléges en hypothèques du créancier. Le subrogé peut exercer tous les
droits qui appartenaient au créancier originaire. Ainsi,
il peut se prévaloir des hypothèques, en profitant des
inscriptions prises par le subrogeant; il peut les renouveler, la prudence lui conseille même de le faire
pour prévenir toute mainlevée frauduleuse : Il n'est
nullement nécessaire qu'il fasse inscrire la subrogation, car le titre qui donne le droit de prendre ou de
renouveler l'inscription est le titre constitutif de l'hypothèque, le titre du premier créancier. Il résulte de
là, qu'il est indifférent que le titre de la subrogation
soit authentique ou privé, pour que le subrogé puisse
renouveler les inscriptions.

Parmi les droits qui appartenaient au créancier et
et qui, d'après nous, passent au subrogé, se trouve le
droit de poursuivre la résolution, à défaut de payement du prix. On l'a cependant contesté; mais, on ne

remarque pas, lorsqu'on soutient le contraire, que ce droit n'est point un droit distinct de la créance, existant indépendamment d'elle ; il n'est qu'un accessoire de la créance du prix, qui s'éteint avec elle, que le vendeur ne peut conserver dès qu'il est payé. Dira-t-on que c'est un droit principal parce qu'il est réel (ayant pour objet la propriété de la chose vendue), tandis que la créance a pour objet une somme d'argent ; mais est-ce qu'un droit réel n'est pas souvent l'accessoire d'un droit de créance ? Les droits d'hypothèque sont réels ; l'hypothèque est un démembrement de la propriété ; elle ne constitue cependant point un droit principal. D'ailleurs, l'art. 1250 ne dit-il pas que la subrogation a lieu dans *tous les droits* du créancier. Ce serait établir une distinction arbitraire que de refuser au subrogé le droit de résolution.

Le subrogé prenant la place du créancier originaire, il semble en résulter qu'il ne peut, désormais, exercer les droits qui dérivent de la subrogation, que dans le temps où le créancier eût pu le faire lui-même. Par exemple, si la créance ne pouvait plus être exercée que pendant un an, avant que la prescription ne fût accomplie, le subrogé devrait agir dans l'année. Mais, remarquons qu'il arrivera le plus souvent que le fait même qui produit la subrogation interrompra la prescription : c'est ce qui aura lieu dans la subrogation conventionnelle par voie de prêt ou bien lorsque le subrogé n'aura payé que sur le mandat du débiteur ; il y aura eu une reconnaissance de la dette, de la part du débiteur, qui aura interrompu la prescription. Dans les autres cas, le subrogé devra exercer l'action dans le délai qui restait au créancier pour agir, autrement il n'aurait plus que son action de gestion d'affaires ; et, remarquons qu'il aurait à démontrer l'utilité de la gestion : ce serait une question qu'il appartiendrait aux juges du fait de décider.

Le subrogé peut exercer l'action hypothécaire du créancier contre les tiers détenteurs d'immeubles hypothéqués ; cependant, parmi les jurisconsultes qui n'admettent point que la subrogation fasse passer au subrogé la créance elle-même, plusieurs lui ont refusé ce droit. En effet, disent-ils, il a fait l'affaire non du tiers détenteur mais du débiteur personnel ; n'ayant point de recours contre le tiers, il ne peut être question de garantir le recours par les hypothèques qui étaient attachées à la créance originaire. Fût-il fondé, ce raisonnement, n'influerait en rien sur notre solution, puisque, pour nous, la subrogation fait passer sur la tête du subrogé la créance primitive avec ses accessoires, tels que les avait le créancier. L'art. 1250, d'ailleurs, dit que la subrogation a lieu dans les priviléges et hypothèques, et ce ne seraient que des garanties dérisoires si on en retranchait le droit de suite.

C'était autrefois une question très-discutée que de savoir si la subrogation avait lieu contre les cautions ; Bretonnier et Dumoulin tenaient pour la négative ; cependant un arrêt de règlement du Parlement de Paris, du 6 juillet 1690, décida formellement que la subrogation avait lieu tant contre les cautions que contre les débiteurs. Aujourd'hui, tout doute a disparu, car l'art. 1252 consacre expressément cette dernière solution. Le subrogé peut recourir contre la caution, à moins qu'il ne soit, par rapport à elle, obligé principal ; plus généralement, à moins que la caution ne soit déchargée par suite du payement effectué. Mais, le concours du tiers détenteur avec la caution a donné lieu à une très-vive controverse. Le tiers détenteur qui a payé la dette est-il subrogé contre la caution ? L'affirmative se fonde, d'abord sur les traditions ; d'après la Novelle IV, (ch. 2), le créancier ne pouvait s'adresser aux tiers détenteurs qu'après avoir discuté préalablement le débiteur principal, le *mandator pecuniæ credendæ* et les cautions. Pothier (Introduction au T. XX de la *Cout. d'Orléans*) autorisait également le tiers détenteur poursuivi par le créancier à demander la discussion préalable du débiteur principal et des cautions. C'est ce principe qu'ont consacré les rédacteurs du Code ; c'est ainsi que l'art. 2170 donne au tiers détenteur le droit de requérir la discussion des principaux obligés, par conséquent, dit-on, des cautions qui, obligées personnellement, sont liées d'une façon bien plus étroite que le tiers détenteur, tenu seulement hypothécairement et *propter rem* et doivent être considérées par rapport à lui comme principaux obligés.

Nous n'adoptons point ce système. Nous lui répondrons que la règle consacrée par la Novelle IV ne fut suivie par aucune de nos anciennes coutumes. Quant à Pothier, dans son *Traité des Obligations* (n° 557), alors qu'il traite la question *ex professo*, il reconnaît si bien à la caution le droit de se prévaloir de la subrogation à l'encontre des tiers détenteurs qu'il leur permet de repousser le créancier lorsque par un fait positif, il s'est mis hors d'état de céder ses actions, en perdant ses droits d'hypothèque.

Notre législateur a également, dans l'art. 2037, décidé que la caution serait déchargée lorsque la subrogation aux hypothèques et priviléges ne peut plus s'opérer, en sa faveur, par le fait du créancier. C'est la reproduction de la doctrine émise par Pothier dans son *Traité des Obligations*. Quant à l'art. 2170, qui donne au tiers débiteur le droit de faire discuter les biens hypothéqués à la même dette et qui sont entre les mains des *principaux obligés*, il ne comprend point, dans ces termes, la caution, qui n'est qu'un débiteur accessoire ; jamais, en parlant d'une caution, on n'emploie le mot débiteur principal. Nous trouverions plutôt dans l'art. 2170 une preuve de la préférence accordée à la caution, car, à la différence du tiers-détenteur qui peut seulement faire discuter les biens qui sont à la fois entre les mains du débiteur et hypothéqués à la même dette, elle peut faire discuter le débiteur dans *tous* ses biens, qu'ils soient ou non hypothéqués à la dette. Et qu'on n'objecte point que l'art. 2023 ne permet point à la caution de faire discuter les biens hypothéqués à la dette et qui sont possédés par des tiers, car cette disposition a été écrite dans l'intérêt du créancier ; elle se lie à celle qui la précède, qui ne permet point à la caution de demander la discussion de biens litigieux ou situés hors du ressort de la Cour d'appel, décision certainement donnée dans l'intérêt du créancier. D'ailleurs, dans le système contraire, si le tiers débiteur était préférable à la caution, il eût été bien inutile de l'affranchir de la discussion, puisqu'il aurait pu repousser la caution par l'exception de garantie ; cette disposition n'aurait donc pas de raison d'être. Il y a enfin, contre le tiers détenteur, cette considération décisive dans notre législation qui n'admet plus les hypothèques occultes, comme l'ancien droit, mais qui est fondée sur le principe de la publicité des hypothèques : l'acquéreur d'un immeuble hypothéqué connaît, en l'acquérant, l'hypothèque dont il est grevé ; il a donc compté ou dû compter qu'elle lui serait opposée plus tard, d'autant plus que la loi lui donne le moyen de s'en affranchir en recourant à la purge, et, s'il ne l'a pas fait, il est juste qu'il supporte les conséquences de son imprudence. La caution, au contraire, n'a aucun moyen d'empêcher le débiteur d'aliéner les biens hypothéqués ; comment cette aliénation pourrait-elle rendre sa condition plus mauvaise ? Comment le débiteur aurait-il le droit exorbitant de faire perdre à la caution tout droit à l'action hypothécaire, si elle est forcée de payer ? Le législateur dirait à la caution : vous pouvez légitimement compter, pour assurer votre recours, si vous devez payer la dette, sur les hypothèques qui garantissent la dette ; j'en rends même le créancier responsable envers vous, s'il les laisse perdre. Et cette garantie que la loi prend tant de soin de donner à la caution, que le créancier même ne peut lui enlever, le débiteur pourrait le faire comme il lui plairait, *ad nutum ;* on aurait rarement vu contradiction plus choquante et plus étrange. Aussi, déciderons-nous la question contre le tiers détenteur, en faveur de la caution.

N'exagérons point cependant la portée de ce qui précède : Pierre qui détient un immeuble de 10,000 fr.

hypothéqué à une dette de cette somme, cautionnée par Paul, l'a payée; il ne peut, se fondant sur la subrogation, prétendre réclamer les 10,000 francs à Paul et garder son immeuble. Mais, si l'immeuble qu'il détient ne valait que 2,000 francs, il est bien évident qu'il ne serait pas privé de tout recours contre la caution. En effet, il est tenu hypothécairement, c'est-à-dire qu'il est tenu à délaisser (à moins qu'il ne préfère payer); c'est le délaissement qui est *in obligatione*, payer n'est que *in facultate solutionis*. En délaissant l'immeuble, il remplit toutes ses obligations; il peut alors poursuivre Paul pour le tout, car il est dans la position d'un tiers ordinaire pouvant user de tous les droits que lui confère la subrogation. La caution n'est nullement lésée : elle jouit de l'action hypothécaire, sur laquelle elle a compté, dans toute sa plénitude. Il en serait autrement si elle était actionnée par le tiers détenteur pour se voir condamner à lui payer la différence entre la valeur de son immeuble et l'importance de la dette. Nous pensons que la caution aurait le droit de s'opposer à ce que le tribunal fît expertiser l'immeuble pour la condamner à payer la somme dont le montant de la dette excéderait la valeur fixée par les experts; ce serait, en effet, dénaturer ses droits hypothécaires. Les rapports hypothécaires sont prévus et réglés définitivement par le législateur aux chapitres VI et VIII du titre des priviléges et hypothèques et l'on ne peut y déroger que du consentement de toutes les parties. La caution pourra donc faire des offres et verser les 10,000 francs, montant de la dette, à la caisse des consignations, puis adresser sommation au détenteur de délaisser ou payer (art. 2169). Le tiers détenteur pourra, dans le mois, faire des notifications à fin de purge (art. 2183); de son côté, la caution aura le droit de surenchérir, dans les quarante jours, si le prix ne lui parait point suffisant, et de faire vendre l'immeuble aux enchères et adjudications publiques (art. 2185). La caution a droit acquis à ce que cette vente aux enchères ait lieu ; on ne peut l'en priver.

Nous n'avons parlé jusqu'ici que des tiers qui détiennent des immeubles qu'ils n'avaient point eux-mêmes hypothéqués à la dette. Si l'hypothèque avait été consentie par le tiers même (qui serait alors une caution réelle), la solution ne serait plus la même. Sans doute l'engagement de cette caution réelle n'est pas de même nature que celui de la caution personnelle ; son immeuble vient-il à périr, elle est déchargée; est-il d'une valeur inférieure à la dette, elle se libérera de son obligation en le délaissant. La caution, au contraire, est tenue du total de la dette ; et, perdrait-elle tous ses biens, elle n'en continuerait pas moins d'être tenue. Cependant, nous n'assimilerons point la caution réelle au tiers détenteur ordinaire ; d'abord, on ne peut lui objecter qu'il a commis une faute en ne purgeant pas. Il a, comme le fidéjusseur, consenti à rendre service au débiteur ; chacun d'eux s'est porté garant de la solvabilité de la même personne ; à la vérité, ils ne se sont pas engagés de la même manière, mais cela n'empêche pas qu'ils n'aient garanti tous deux la dette d'autrui; et, par conséquent, ils doivent la supporter en commun. Qu'on ne dise point que l'un joue par rapport à l'autre le rôle de certificateur de caution, chacun d'eux a répondu non de la solvabilité de l'autre, mais de celle du débiteur principal. Si l'immeuble hypothéqué par la caution réelle a une valeur égale ou supérieure au montant de la dette, la dette se répartira par moitié ; s'il est d'une valeur inférieure, la répartition se fera proportionnellement à l'intérêt qu'avait chacune des deux cautions à l'extinction de la dette. Si la dette est de 120,000 francs et que la valeur de l'immeuble hypothéqué soit de 60,000 francs, la proportion sera comme 2 est à 1, c'est-à-dire que la caution réelle supportera 40,000 francs et la caution personnelle 80,000 francs. M. Troplong, qui admet que le tiers détenteur qui a payé est subrogé contre la caution, soutient également que la caution réelle qui a payé la dette a, en vertu de la subrogation, recours pour le tout contre la caution personnelle, et ne supportera ainsi aucune part de l'insolvabilité du débiteur. Ce système ne nous a point paru admissible pour les tiers détenteurs, il nous le parait encore moins, alors qu'il s'agit des rapports des cautions réelles avec les cautions personnelles.

Nous avons vu que la subrogation ne peut nuire au subrogeant ; nous avons montré que cette règle était la conséquence du principe, qu'à l'égard du créancier le payement avec subrogation n'est qu'un payement extinctif de la dette ou de la partie de dette payée ; d'où il résulte que cette partie de la créance qui a été payée est considérée par rapport à ce créancier, comme n'existant plus. Rien, d'ailleurs, ne s'oppose à ce que le créancier consente à renoncer à se prévaloir de cette règle écrite toute dans son intérêt. Cette convention, dans la pratique, est très-usuelle, car, dans la réalité des faits, le subrogé qui fournit les fonds dont, apparemment, le subrogeant a besoin, puisqu'il reçoit un payement partiel qu'il n'était point, dans la plupart des cas forcé de recevoir, dicte ses conditions et stipule l'antériorité. Nous ne reviendrons pas sur ces divers points. Mais, nous devons faire remarquer que, malgré les termes généraux de l'art. 1252, cette règle ne s'applique point lorsque la créance n'est garantie par aucun privilége ou hypothèque. Tous les créanciers chirographaires ayant les mêmes droits, quelle que soit la date de leurs créances, le subrogé, comme mandataire ou *negotiorum gestor*, est légitimement créancier du débiteur, et, par conséquent, n'a nullement besoin de se prévaloir de la subrogation; il concourra donc avec le créancier. Il suit de là que, si la créance originaire étant munie d'une hypothèque, le bien qui y est affecté est insuffisant pour désintéresser le créancier, celui-ci concourra pour le surplus avec le subrogé : une créance de 30.000 francs est garantie par une hypothèque sur un immeuble qui, par suite de cas fortuits, par exemple, se trouve ne plus valoir que 10,000 francs; un tiers a fait un payement partiel de 10,000 francs au créancier, en se faisant subroger. Comme le subrogé n'est, par rapport au créancier, qu'un simple créancier chirographaire, il n'a pas droit de concourir avec lui sur le prix de l'immeuble, qui sera tout entier attribué au créancier originaire : mais, pour les 10,000 francs qui restent dus à chacun d'eux, subrogé et subrogeant concourront avec les autres créanciers du débiteur sur la masse de ses biens; ils recevront une somme égale dans la distribution par contribution.

Enfin, la règle que la subrogation ne peut nuire au subrogeant ne s'applique qu'à la créance, dont une partie a été payée et non à d'autres. Primus est créancier de Secundus d'une somme de 40,000 francs et a privilége ou hypothèque pour payement de sa créance sur un immeuble d'égale valeur : il est en outre créancier chirographaire de Secundus pour une somme de 20,000 francs. Il a reçu de Tertius, qu'il a subrogé, le payement de la moitié de sa première créance. Secundus a pour tout bien l'immeuble hypothéqué. Primus prendra d'abord sur le prix de l'immeuble 20,000 fr., mais il ne serait point fondé à prétendre que le reste du prix ne doit point être attribué à Tertius, parce que celui-ci ne serait, par rapport à lui, qu'un créancier chirographaire et, qu'ainsi, ils devraient concourir ensemble. En effet, quant à la seconde créance de Primus, il n'y a nullement entre lui et Tertius rapport de subrogeant à subrogé ; ce rapport n'existe que pour la première créance ; c'est à celle-là seule que doivent s'en borner les effets. Pour l'autre, Primus n'est qu'un créancier ordinaire, n'ayant pas plus de droits que les autres créanciers du débiteur.

Parmi les droits que la subrogation transmet au subrogé se trouve comprise, nous l'avons vu, l'action résolutoire du vendeur ; mais si ce dernier n'a reçu que partie de son prix, à qui, du subrogeant ou du subrogé appartiendra-t-elle ? Le principe dont l'art. 1252 n'est que l'application donne la solution de la question : si le vendeur avait reçu un payement pur et simple de partie de son prix, il aurait conservé son droit de résolotion, comme garantie de ce qui lui resterait dû. Le payement avec subrogation n'étant, pour le **créancier**, qu'un payement ordinaire et ne pouvant lui nuire, **la** solution reste la même : le subrogeant aura seul l'action en résolution, le subrogé ne pourra l'intenter. Cette décision doit être donnée, que la subrogation soit légale ou conventionnelle (à moins que le subrogeant n'ait renoncé à se prévaloir de son droit), car à l'une comme à l'autre, on doit appliquer l'art. 1252.

POSITIONS.

DROIT ROMAIN.

I. Le mariage ne se formait point *solo consensu*.

II. Il n'a existé à aucune époque de la législation romaine d'empêchement au mariage, à raison de la vieillesse.

III. La loi Julia ne prononçait point la nullité des mariages contractés contrairement à ses prohibitions.

IV. Il y a eu des divorces à Rome avant celui de Carvilius Ruga.

V. La captivité de l'un des conjoints dissolvait irrévocablement le mariage à l'époque classique.
Les lois 6 *De divort. et répud.* (D. XXIV. 2) et 1. 8 *De capt. et postl.* (D. XLIV. 15) ont subi des interpolations.

DROIT FRANÇAIS.

I. La subrogation fait passer au subrogé la créance elle-même avec tous ses accessoires.

II. Conventionnelle ou légale, la subrogation produit les mêmes effets.

III. Le tiers détenteur qui a payé la dette ne peut recourir pour le tout contre les autres détenteurs d'immeubles hypothéqués à la même dette.

IV. La caution, qui n'a pas cautionné tous les débiteurs solidaires, peut, comme subrogée aux droits du créancier recourir pour le tout même contre ceux qu'elle n'a point cautionnés.

V. La caution qui a payé la dette peut exercer les actions hypothécaires, qui garantissent la créance, contre les tiers détenteurs.

ANCIEN DROIT.

I. Les *Etablissements* dits *de St. Louis* ne sont point de ce roi.

II. La nullité des contrats passés avec une femme mariée, sans l'autorisation de son mari, n'était que relative : elle ne pouvait être invoquée par la personne qui avait contracté avec la femme.

DROIT CRIMINEL.

I. L'individu qui a été acquitté par une cour d'assises, ne peut plus être recherché pour le même fait qualifié d'une autre manière.

II. L'aggravation de la peine contre l'auteur d'un crime, par suite d'une circonstance à lui personnelle, qui n'affecte pas la criminalité même du fait, ne doit pas être appliquée au complice, nonobstant l'art. 59 du Code pénal.

DROIT ADMINISTRATIF.

I. Le preneur d'un immeuble exproprié pour cause d'utilité publique, a droit à une indemnité d'expropriation, même dans le cas où son bail n'aurait pas acquis date certaine antérieurement au jugement d'expropriation.

II. En cas d'expropriation d'une partie d'un immeuble, résulterait-il des travaux une plus-value pour le reste de l'immeuble, égale ou supérieure à la valeur du terrain pris, l'indemnité ne pourrait se composer, pour le tout, avec cette plus-value.

Vu par le président de la thèse,
E. COLMET DE SANTERRE.

Vu par le doyen,
G. COLMET-D'AAGE.

Vu et permis d'imprimer,
LE VICE-RECTEUR DE L'ACADÉMIE DE PARIS,
A. MOURIER.

PARIS. — Imprimerie de E. Donnaud, rue Cassette, 9.

TABLE DES MATIÈRES.

DROIT ROMAIN.

DU MARIAGE ET DE SES EFFETS QUANT AUX PERSONNES.

CHAPITRE PREMIER.

CHAPITRE II.

CHAPITRE III.

CHAPITRE IV.

DROIT FRANÇAIS.

DU PAYEMENT AVEC SUBROGATION.

CHAPITRE PREMIER.

CHAPITRE II.

CHAPITRE III.

CHAPITRE IV.

Paris. — Imprimerie de E. Donnaud, rue Cassette, 9.